探索与发展

戴明予 著

燕山大学出版社

·秦皇岛·

图书在版编目（CIP）数据

探索与发展 / 戴明予著．—秦皇岛：燕山大学出版社，2020.8（2026.1重印）
ISBN978-7-81142-873-5

Ⅰ.①探… Ⅱ.①戴… Ⅲ.①区域经济发展—研究—秦皇岛 Ⅳ.①F127.223

中国版本图书馆CIP数据核字（2019）第233328号

探索与发展
戴明予 著

策　　划：中共秦皇岛市委党史研究室
出 版 人：陈　玉
责任编辑：朱红波
封面设计：刘韦希
出版发行：燕山大学出版社 YANSHAN UNIVERSITY PRESS
地　　址：河北省秦皇岛市河北大街西段438号
邮政编码：066004
电　　话：0335-8387555
印　　刷：廊坊市印艺阁数字科技有限公司
经　　销：全国新华书店

开　　本：700mm×1000mm1/16　　印　　张：12.25　　字　　数：194千字
版　　次：2020年8月第1版　　印　　次：2026年1月第2次印刷
书　　号：ISBN978-7-81142-873-5
定　　价：48.00元

目 录

回 忆 录

寒凝大地发春华

——忆古城开封“一二·九”运动

我离开古城开封至今整整48年了。

将近半个世纪以来的学习、工作和战斗生涯，使我有幸走过了祖国的许多山山水水，经历了无数的风风雨雨。但不论是对敌斗争的严峻时刻，还是革命胜利的喜庆之日，都没有使我忘记对古城开封的怀念。

开封，是一座素有“七朝古都”之称的历史文化名城。坐落在城内那金碧辉煌、莹光耀目的龙亭；那重檐歇山、斗棋层叠的相国寺；那岸边绿树成荫、水面一平如镜的潘、杨二湖；那雄伟挺拔、巍然屹立的祐国寺铁塔……这一切，都无不令人惊叹、振奋和心醉神迷。它们是古城的骄傲，也是中华民族悠久历史文化的见证和象征。

然而，最使我感奋和难以忘怀的，却是古城开封在民族危亡的关键时刻所爆发的一次革命风浪，它像一把火种，在我的心里不停地燃烧，启迪我毅然走上了革命的道路，并且在革命征途上激励我不断地拼搏、前进。

那是1935年，我正在古城开封中学读书。当时日本帝国主义在侵占东北、强划冀东各县为非武装区以后，又虎视眈眈向我华北步步进逼，中华民族处于危急存亡的关头。国民党政府在同日本帝国主义签订了屈辱的《塘沽协定》后，又于同年6月签订了卖国的《何梅协定》，并且无耻地颁布了妥协投降的所谓“睦邻令”。在日本的唆使下，同年11月国民党汉奸殷汝耕在河北通县（今北京通州区）组织冀东防共自治政府。日本帝国主义的铁蹄公然踏进华北的国土，古城开封和整个河南也在日军重压之下。爱国有罪，冤狱遍于国中；卖国有赏，汉奸弹冠相庆。杜重远创办的《新生》杂志，仅仅因为刊载了《闲话天皇》一文，竟遭到日本天皇的无理抗议，而蒋介石屈辱退让，竟下令关闭了《新生》，杜重远被捕入狱。大地沉沉，黑夜漫漫，中国究竟该向何处去？

在这黑云压城、万籁俱寂的危难关头，平地一声惊雷，在中国共产党的领导下，北平爆发了震惊中外的“一二・九”爱国学生运动。它像冲锋的号角，唤醒了沉睡的大地，开封这座古老而沉静的名城，也愤怒了，沸腾了！

12月中旬的开封，朔风凛冽，寒凝大地，天空彤云密布，飘下了一场大雪。我和同学们听到“一二・九”运动的消息，再也坐不住了。大家不顾寒风和冰雪，在校内校外进行活动，一边传递着北平的革命信息，一边酝酿着向国民党政府请愿示威。对日本帝国主义侵略者的痛恨和对国民党政府卖国政策的愤慨，把大家的心紧紧地联结在一起。在共产党的领导下，同学们由自发的爱国运动迅速走向了有组织的示威游行。我当时虽然只有十二三岁，也毅然加入了这一行列。我们高呼着“打倒日本帝国主义！”“停止内战，一致对外！”等革命口号，穿过大街小巷，向日本侵略者和国民党政府发出了愤怒的吼声。开封各界的爱国志士也参加了我们的行动。为了更坚决地表达抗日的决心，我们的游行队伍集结在开封车站，要求乘车到南京直接向国民党政府请愿。国民党当局不仅不准我们乘车，还派来军警、特务阻挠和压制。在这种情况下，大家立即进行了英勇顽强的卧轨斗争。冰冷的钢轨上面，躺卧着密密麻麻的人，寒风猛烈地向我们袭击，冰雪打在我们的身上和脸上，我的手脚被冻得疼痛以至麻木，但心里却是热乎乎的。游行和卧轨斗争持续了三天四夜，终于迫使国民党南京政府派来代表，答应一定把大家的要求带回南京，古城开封的这一革命风浪才暂告平息。由于“一二・九”运动给我的影响和共产党的引导，在抗日的烽火里，我终于走向革命的征途。

“血沃中原肥劲草，寒凝大地发春华”，万恶的日本帝国主义和国民党反动派对中国人民的侵略和压迫愈深，中国人民的反抗就愈烈，经过艰苦卓绝、流血牺牲的抗日战争和解放战争，终于迎来了中国革命的伟大胜利，古城开封也获得了新生。

现在，古城开封正在进行大规模的四化建设。根据报纸报道，将重建开封宋城，再现古都风貌。这更使我增加了对古城的怀念。我衷心地祝愿这座曾经抚育我成长、启蒙我走上革命道路的历史文化名城，在新的历史时期取得更加光辉灿烂的成就！

1985 年 5 月

回忆1942年延安整风运动

1940年夏天，抗日战争进入了艰苦困难的阶段，在地下党的教育和引导下，我和开封高中（学校已迁至豫西山地）的几位同学，离开了学校，经由洛阳、西安八路军办事处奔赴延安。经过考试我进入了鲁迅艺术文学院学习。1942年，我有幸参加了延安整风运动。这是在党中央和毛泽东同志领导下进行的一场马克思主义思想教育运动，通过学习文件，联系思想和工作实际，总结历史经验，使全党在思想上达到空前的团结和统一，为我们党夺取抗日战争和解放战争的胜利、建立中华人民共和国奠定了思想基础。由于我参加工作不久，对马克思主义和党的历史所知甚少，对整风文件的理解是很肤浅的，加之自己的经历很简单，也很难说上怎样联系实际，提高认识，但这场伟大的整风运动毕竟是我参加革命后所经受的一次极为深刻的马克思列宁主义、毛泽东思想的洗礼，为我树立无产阶级世界观和方法论打下了基础，特别是其中几个根本性的问题对我教育尤深，使我终生难忘。如果说，我参加革命后40多年来，多少为党为人民做了一点有益的事情，那是和这次整风运动的思想收获分不开的。

一、干革命要实事求是

党的十一届三中全会总结了新中国成立以来革命和建设的经验教训，确定了“一切从实际出发，理论联系实际，实事求是，在实践中检验真理和发展真理”为党的思想路线。这也正是延安整风所要着重解决的问题。毛泽东同志在《整顿党的作风》报告中提出：“反对主观主义以整顿学风，反对宗派主义以整顿党风，反对党八股以整顿文风，这就是我们的任务。”“所谓学风是领导机关、全体干部、全体党员的思想方法问题，是我们对待马克思列宁主义的态度问题，是全党同志的工作态度问题。”这实质上是无产阶级的世界观和方法论问题，毛泽东同志精辟而又通俗地用“实事求是”四个字阐明了这个极其重要的问题。他说“实事”就是客观存在的一切事物，“是”就是客观事物的内部联系，即规律性，“求”就是我们去研究。和这种科学态度相对立的教条主义、经验主义，两者都是主观主义，是从不同的两极发生的东西，都是只看到片面，没有看到全面，如果不力求改正，那就容易走上错误的道路。王明等“左倾”教条主义者，对中国社会和中国革命一无所知，又不作调查研究，缺乏起码的自知之明，却以百分之百的布尔什维克和中国革命的领袖自居，主观臆断，独断专行，搞瞎指挥，短短几年，使白色地区的党组织几乎损失殆尽，革命根据地损失 90%，几乎断送了中国革命。王明的“左倾”错误虽说在遵义会议上得到纠正，但其在党内的流毒甚广，危害很大。因此，在整风中回顾党内历史经验，毛泽东同志向全党大声疾呼：“这种反科学的反马克思列宁主义的主观主义的方法，是共产党的大敌，是工人阶级的大敌，是人民的大敌，是民族的大敌，是党性不纯的一种表现。大敌当前，我们有打倒它的必要。只有打倒了主观主义，马克思列宁主义的真理才会抬头，党性才会巩固，革命才能胜利。”毛泽东同志为了唤醒全党的注意，曾经多次辛辣而又深刻地批判那种下车伊始，不作调查，就哇里哇啦地发议论，夸夸其谈，哗众取宠的恶劣作风。毛泽东同志说：“这种作风，拿了律己，则害了自己；拿了教人，则害了别人；拿了指导革命，则害了革命。”可惜，在 1942 年整风中由毛泽东同志倡导和树立的实事求是的思想方法和优良作风，在 1957 年以后却多次遭到破坏。1957 年反右派，1958 年“大跃进”，1959 年反右倾，特别是“文化大革命”，唯心主义泛滥，形而上学猖獗，使中国人民和社会主义建设事业遭到一次空前的浩劫。只是在党中央一举粉碎了“四人帮”以后，党的十一届三中全会总结了新中国成立以来的经验教训，才使党的实事求是的思想路线重新放出灿烂的光辉。实践证明，只有坚持毛泽东同志在延安整风中倡导的实事求是的思想路线，我们党的革命和建设事业才能发展，才能前进；反之，就要遭受挫折，就会失败。

二、知识分子必须和工农群众相结合

在整风运动中，毛泽东同志多次谈到知识分子问题，中国是一个半殖民地半封建的国家，文化不发达，中国革命的胜利，必须有大批革命的知识分子参加。同时，毛泽东同志又谆谆告诫知识分子干部，他们的知识还不完全，仅仅是一些书本知识。他们的思想、感情、立场、观点多数是小资产阶级的。他们必须深入实际斗争，和广大工农群众相结合，经过艰苦的锻炼，改造思想，确立无产阶级的立场，才能成为名副其实的革命知识分子。

遵照党和毛泽东同志的教导，在1943年整风结束后，经过西北局绥德地委分配，我在清涧县工作了将近3年。到基层乡做过支部书记，在区委当过宣传科长，在与广大农民和工农干部接触中，在群众生产运动中，我的思想感情、生活习惯发生了比较深刻的变化：学生腔、学生气、小资产阶级知识分子的情调逐渐得到了克服；思想感情、生活作风变得比较群众化了；和广大农民、基层干部相处比较融洽了，有了共同语言；对农村阶级斗争状况、经济文化生活状况了解得比较多了，觉得自己思想上工作上比过去踏实得多了。这大概就是毛泽东同志讲的从小资产阶级到无产阶级的思想感情、立场观点的转变，也是在组织上入党后解决了思想上入党的问题。这3年的实际锻炼为我以后在解放战争、社会主义改造和建设时期的斗争中，更好地为党为人民工作打下了坚实的思想基础。

在当前为实现四化的伟大斗争中，党中央一再号召全党要尊重知识和知识分子，善于发现、培养和使用人才，认真落实知识分子政策，这无疑是非常正确的，各级党组织必须坚决贯彻落实，在全社会形成一个尊重知识和知识分子的浓厚风气。但就知识分子本身来说，仍然有一个坚持深入生产斗争、科学实验和广大工农群众相结合的问题。43年前延安整风运动中提出的知识分子必须和广大群众相结合的方向并没有过时。因为无论在革命战争时期，或者社会主义建设时期，无论是打仗，或者是经济建设、科学研究（包括尖端技术），我们的事业都是千百万群众的事业，没有广大群众的积极参加是不能成功的。任何科研成果，如不能在经济、国防建设中为群众所掌握，也是很难发挥其应有作用的。

三、当老实人

斯大林说共产党员是特殊材料制成的人。共产党员在对敌斗争和在极端困难、艰苦的环境中，具有钢铁般的意志、勇于斗争和善于斗争的革命胆略、不屈不挠的拼搏精神。但共产党员又必须是一个老实人，必须正确地处理个人和组织、个人和群众、局部和整体的关系。个人服从组织、少数服从多数、下级服从上级、全党服从中央的民主集中制原则必须坚持。必须尊重群众，向群众学习，在工作中走群众路线，把对党负责和对群众负责统一起来。一个共产党员不管能力有多大、地位有多高，都不能脱离党和群众的监督。

毛泽东同志在整风报告中尖锐地批评了那种违背党的组织原则的人，在他们负责的一个部门、地区工作的时候，就闹独立性，强调局部利益，要求全体利益服从他们的局部利益，他们往往无视群众和干部的意见，无视党的领导，独断专行，个人决定重大问题。闹这种独立性的人，常常跟他们的个人第一主义分不开，他们在口头上也说尊重党，实际上却把个人放在第一位，把党放在第二位。这种人闹名誉、闹地位、闹出风头。在他们掌握一部分事业的时候，就闹独立性。为了这些，就要拉拢一些人，排挤一些人，在同志中吹吹拍拍，拉拉扯扯，把资产阶级政党的庸俗作风也搬进共产党里来了。这种人的特点就是不老实。毛泽东同志告诫全党，我们应该老老实实地办事，在世界上要办成几件事，没有老实态度是根本不行的。

联系当前我们党内政治生活中存在的问题，个别部门、单位的负责同志脱离群众，脱离实际，摆花架子，做表面文章，自我标榜，沽名钓誉，违背民主集中制原则，独断专行，自行其是，对中央的方针、政策、规定采取实用主义态度，对我有利者，拿来为我所用；对我不利者，有令不行，有禁不止；为了个人利益，在党内关系上吹吹拍拍，拉拉扯扯，请客送礼，封官许愿；在贯彻对外开放、对内搞活的方针中，想方设法钻空子，以改革为名，以权谋私，大搞不正之风，中饱私囊，腐蚀干部，败坏党风和社会风气，等等。毛泽东同志 42 年前教育共产党员要做老实人的话，好像就是对着我们今天某些人讲的一样，我们应该重温毛泽东同志的教导，在当前整党中，深入进行理想和纪律教育。加强党性锻炼，坚决纠正形形色色的不正之风，做一个老实人，做一个合格的共产党员。

1985 年 7 月

（原载 1985 年第 2 期《秦皇岛党史通讯》）

亲切的教诲

——回忆毛泽东同志1942年5月在鲁艺的讲话

在延安，1942 年的春天是一个不平凡的季节。毛泽东同志在作了《整顿党的作风》《反对党八股》的重要讲话后，便开始了全党的整风运动。当时我正在鲁艺文学系学习，有幸参加了这次整风。这是一场深刻的马克思主义教育运动，是辩证唯物主义和历史唯物主义与主观唯心主义包括教条主义、经验主义的一场论战，也是无产阶级思想和非无产阶级思想包括个人主义、宗派主义、自由主义、命令主义、官僚主义等错误思想的一场论战。运动采取了学习文件，联系思想、工作实际，总结历史经验，开展批评与自我批评的方法。从 1942 年到 1945 年进行了 4 年，最后使全党在思想上达到空前的团结和统一，为抗日战争、解放战争的胜利，为建立中华人民共和国奠定了思想基础，具有极其伟大的历史意义。

在同年 5 月由党中央、毛泽东同志主持召开了延安文艺座谈会，这是在文艺界进行的极其重要的整风会议，是延安整风运动的一个组成部分。当时延安大批作家、艺术家、文艺工作者，有很多是来自大后方，也有来自前方的。他们绝大多数人是拥护中国共产党、投身抗战、向往革命圣地延安的。但他们多数人还缺乏实际斗争的锻炼，在思想上对文艺和政治、文艺和群众、文艺和生活的关系，缺乏明确的认识，因而在和群众和组织的关系上、在思想感情上常常有格格不入的现象。小资产阶级个人主义、清高自大、自由主义、对现实不满、发牢骚，在一部分人中间还相当普遍，有的甚至达到政治思想混乱的地步，如把边区工作上的个别缺点夸大为延安没有光明，一片黑暗；把革命队伍中根据需要和贡献，在物质待遇上有所区别的规定，认为是“衣分三色，食分五等”，不平等；对延安紧张战斗，艰苦奋斗的生活不能适应，认为这里“枯燥、单调、乏味”，有的还混淆政治和文艺的正确关系，夸大作家、艺术家的作用和地位，等等。党内很多同志对文艺界存在的以上问题感到担忧，从前线回来的将军们对于这些消极现象尤为不满，督促中央抓紧解决。毛泽东同志对于文艺界的现状进行了深入细致的调查研究，亲自找作家、艺术家个别谈话，征求意见，在经过充分准备之后，中央决定召开延安文艺座谈会。由毛泽东同志亲自主持，于5月2日开始，首先由毛泽东同志讲话，提出会议要解决的问题，经过20多天小组讨论，大会发言，于23日由毛泽东同志作会议总结，明确了文艺工作的方向及一系列重大原则问题，为革命文艺工作开辟了一个新阶段。

会议结束后7天即5月30日上午，毛泽东同志由周扬同志陪同到鲁艺音乐系前面的广场上向鲁艺全体学员、教职员工讲话。已经是初夏天气，院内的槐花盛开，浓郁的花香沁人心脾。毛泽东同志站在一个简陋的木桌前向我们作报告。报告和在文艺座谈会上的讲话内容、精神一致。主要讲了文艺为工农兵服务的方向、文艺的普及与提高、文艺和政治及文艺工作者和党的关系，给我印象特别深刻的是关于文艺和生活的关系及文艺工作者的思想改造问题，并形象地把文艺和生活的关系比作小鲁艺和大鲁艺。毛泽东同志谆谆教导我们，实际生活是文学艺术的源泉，你们从小鲁艺毕业后要到大鲁艺去，大鲁艺就是工农兵群众的生活和斗争，而工农兵就是大鲁艺的老师，要向工农兵学习，学习马列主义，在实际斗争中改造自己，把自己的立足点逐步移到工农兵这一边来。

根据毛泽东同志的教导和学校的安排，我于1943年5月离开了鲁艺到陕甘宁边区清涧县区、乡工作，在区委当过宣传科长，在乡里担任过支部书记，在与广大农民和工农干部的接触中，在群众生产运动中，我的思想感情、生活习惯发生了比较深刻的变化：学生气、小资产阶级知识分子的情调逐渐得到克服；思想感情、生活作风变得比较群众化了；和广大农民、基层干部相处比较融洽了，有了共同语言；对农村阶级斗争状况、经济文化状况的了解比较多了。这大概就是毛泽东同志讲的从小资产阶级到无产阶级的思想感情、立场观点的转变，也是在组织上入党后解决了思想上入党的问题。这几年的实际锻炼，为我以后在解放战争、社会主义革命和建设时期的斗争中更好地为党、为人民工作打下一个坚实的思想基础。

毛泽东同志在鲁艺的讲话已经过去了半个世纪，当时我还是一个年纪不到20岁的小伙子，如今已是年近古稀的老人了，但主席的谆谆教导仍然深深铭记在我的心中，它将继续引导我活到老、学到老、改造到老、革命到老。

1992年5月28日

（原载1992年第2期《秦皇岛党史通讯》、1992年6月6日《秦皇岛日报》）

难忘的会见

——回忆周总理1956年6月视察唐钢

1956年春天，当时我正在唐钢担任厂长。6月7日上午突然接到重工业部副部长赖际发打来的长途电话，通知我周总理将于明天（8日）上午乘机去唐钢视察。要我立即向市委报告并作好准备。我当即向市委刘汉生书记作了汇报，他当时有点怀疑地问我："消息确实吗？"但省委很快就发来电报，证实了此事。

6月8日10时，我和市委书记刘汉生、市长冀华一起乘车去唐山机场。到达目的地后和驻地空军刘师长一起到机场跑道边迎接。不久，天空传来马达的轰鸣声，一架飞机从空中向机场徐徐降落。刘师长走近机舷旁边，周总理及赖际发等随行人员出现在机舱出口，循扶梯逐个走了下来。总理首先和刘师长握手寒暄，然后和我们见面。随即乘车去交际处。经过短时间的休息，市领导请周总理、赖副部长等人吃饭。应该说市里准备的饭菜很一般，并不丰盛。但总理一走近餐桌旁边，便严肃地对汉生同志说："随便吃顿饭就可以了，你们准备这么多菜，我以后就不敢再来了。"汉生、冀华同志不好多说，甚至连已经准备的酒也未敢打开，默默地吃完了这顿饭。

午饭后不久，我陪同总理，汉生、冀华同志陪同赖际发等同志乘车前去唐钢。我们乘坐的车刚刚驶出交际处大门，紧接着两三辆汽车从我们车旁飞驰而过。周总理很生气地让司机立即停车："告诉他们不要开道车，解放这么多年，怎么还这样不相信群众。让他们立即回去，不然，我就不去了。"在刚刚飞驰而去的开道车停驶后，我们才继续开车去了唐钢。

在唐钢厂长会客室，我和厂内其他负责同志向总理和重工业部、市委领导同志汇报了唐钢"一五"计划执行情况和今后展望，回答了总理提出的问题。总理对唐钢今后的发展，明确指出不仅要注意发展速度，尤其要注意扩大产品品种，提高产品质量，满足社会主义建设和人民生活的需要。随后陪同总理和其他领导同志视察了炼钢、铸钢、轧钢、机修车间。接着根据总理提议，又乘车去东工房工人家属宿舍访问。途中总理问我市场上猪肉、鸡蛋、青菜的价钱怎样，我因整天忙于生产，从来不问家务，对副食价格一无所知，因而对总理的提问无言以对。总理严肃地对我进行了批评："你们这些人只知道抓生产，不知道市场副食供应情况，价格高低直接关系广大职工生活，对此不了解、不关心是很不对的。"

到了东工房，我陪同周总理访问了一个老工人的家庭。他亲切地向家中的老太太问寒问暖，询问她一家的生活情况，征求她对工厂、政府的意见。这位老太太性格开朗，十分健谈，对总理的提问对答如流，毫不拘束。她想都没想到坐在她家炕头上和她亲热拉家常的竟是我们的总理。等到总理离开以后，别人告诉她刚才和你谈话的就是周总理时，她大吃一惊地说："他待人那么亲热、随和，完全和普通人一样，我做梦也没想到周总理来到了我家。"

结束了东工房访问之后，我们将周总理送回交际处。不久，他就和赖副部长等人乘机回京了。

从 1956 年 6 月至今，已经过去了 35 年，但周总理访问唐钢时的情景，他的音容笑貌，他对我们的严肃批评、亲切关怀、谆谆教导，尤其是他那严于律己、以身作则、密切联系群众的人民公仆的崇高形象，和当前党内和社会上那种利用职权、当官做老爷、在群众面前作威作福、铺张浪费、贪污受贿的腐败现象对比起来，显得特别光芒万丈、与日月同辉。是全党和全国人民学习的光辉榜样，将永远为全党和全国人民所景仰，并将深深地铭记在我的心中，促我深思，促我奋进，促我严格要求自己，加强党性锻炼，保持革命晚节。

1991 年 12 月 3 日

（原载 1991 年第 4 期《秦皇岛党史通讯》、1993 年第 1 期《河北顾委通讯》）

平易近人　循循善诱

——回忆刘少奇同志

在我半个多世纪的革命生涯中，有幸两次见到刘少奇同志，作为我们党主要领导人之一，他给人以极为深刻的印象是：平易近人，循循善诱。

1949 年 5 月中旬，在解放唐山后的第一个春天，刘少奇同志从天津来到唐山，他由市委书记吴德陪同，在开滦中级员司俱乐部和全市县级以上干部见面。他身着灰色军装，精神抖擞，两眼炯炯有神，面带笑容，和与会同志打了招呼后开始讲话。他讲话的主题是阐明和发挥党的七届二中全会的精神，即全国解放后，我们党工作的重点将由农村转向城市，并开始了由城市领导农村的新时期。他特别强调我们党进入城市以后的中心任务是紧紧依靠工人阶级，团结其他劳动群众，争取知识分子，争取尽可能多的民族资产阶级及其代表人物，同帝国主义者、国民党、官僚资产阶级作坚决的斗争，一步一步地去战胜这些敌人。同时恢复和发展城市中的生产事业。关于恢复和发展生产问题，首先要搞好国营工业的生产，这是第一位的。其次，要搞好私营工业的生产，它占了现代工业中的第二位，是一个不可忽视的力量。由于中国经济现在还处于落后状态，在革命胜利以后一个相当长的时期内，还需要尽可能地利用城乡私人资本主义的积极性，以利于国民经济的发展。而对其影响国民经济发展的方面，则采取限制、改造政策。因此，如何正确对待民族资产阶级和私人资本主义，是我们工作中面临的一个重要、复杂的问题，必须妥善、正确地解决。少奇同志以深入浅出、循循善诱的语言，阐明了七届二中全会决议的精神实质，论证了决议的正确性和重要性，使与会同志对我们面临的形势和任务豁然开朗。

就在这次讲话不久，根据中央关于加强工业领导力量的指示，于同年 8 月，市委决定我离开市委宣传部到唐钢党委工作。1958 年 8 月下旬，在北戴河中央政治局扩大会议结束后，刘少奇同志、周恩来总理来到唐山。我和党委书记李光华、工会主席刘永宝到市交际处向少奇、总理作了汇报，首先介绍了厂内基本情况，然后汇报了全厂职工在中央提出钢翻一番的号召后的情况。当汇报到全厂职工意气风发、日夜奋战、开展夺钢大战时，少奇同志说："要注意劳逸结合，关心职工生活。"当汇报到为了完成当年任务，正在抓紧建设第二炼钢车间、争取"十一"出钢时，少奇同志又说："要注意工程质量，也要注意钢的质量。"少奇同志这些言简意赅的指示在经过"大跃进""钢翻一番"的重大挫折和痛苦教训后，显得多么重要和及时啊！

9月2日上午，在省、市委领导同志的陪同下，少奇、总理来到唐钢，视察了炼钢、轧钢、铸钢等生产车间。在炼钢车间，少奇、总理在炼钢炉前和车间领导、炼钢工、技术干部见面，鼓励大家多炼钢、炼好钢，还称赞了在炉前劳动的女技术员，气氛十分热烈，车间一片欢腾。少奇同志还特地察看了高温烤人的制锭工段，和制锭工人进行了亲切的交谈。

和少奇同志这次会见虽说已经过去了30多年，但他那种无产阶级革命家平易近人、循循善诱的优良作风，依然深深地铭记在我的心中，和这种优良作风相对照，那种官气十足、以势压人，动辄疾言厉色、盛气凌人、训斥下属的恶劣习气，与之相差何止千万里。

1992年7月24日

（原载1992年第3期《秦皇岛党史通讯》、1993年第1期《河北顾委通讯》）

不应忘却的教训

——忆1959年“反右倾”运动

我从1940年7月开始，已经在革命队伍里工作和生活了将近半个世纪。50年来，我有幸在延安参加了我们党1942年开展的整风运动。毛泽东同志在中央党校作了《整顿党的作风》的报告。他联系中国革命的历史教训，提出了反对主观主义以整顿学风，反对宗派主义以整顿党风，反对党八股以整顿文风。这场马克思主义的思想教育运动收到了巨大的成效。毛泽东同志、党中央总结了历史经验，为建立新民主主义的新中国，制定了正确的路线、方针和政策，使全党在思想上、政治上、组织上达到空前的统一和团结，为抗日战争和解放战争的胜利奠定了思想基础。我经历过解放战争时期的惊涛骇浪，在1946年6月国民党反动派气势汹汹地向我解放区发动全面进攻的日子里，蒋介石、陈诚曾扬言3个月至6个月解决关内问题，然后再解决东北问题，一时真是“黑云压城城欲摧”。但由于我们党的正确领导、人民解放军的英勇善战和全国人民的支持，经过3年多的时间，便打败了国民党反动派，赢得了全国解放战争的胜利。我也经历过新中国成立时的喜悦和新中国成立后3年恢复和第一个五年计划时期紧张工作的日日夜夜；我还经历了1958年我们党发动“大跃进”运动、农村人民公社化运动，看到了“反右倾”斗争所犯的“左”倾错误以及由此产生的严重后果。

中华人民共和国成立后，我们党领导全国各族人民有步骤地实现从新民主主义到社会主义的转变，迅速恢复了国民经济并开展了有计划的经济建设，顺利地完成了对生产资料私有制的社会主义改造。在巨大的胜利面前，党内一些负责同志滋长了骄傲自满情绪，急于求成，夸大主观意志和主观努力的作用，没有经过认真的调查研究，就在总路线提出后发动“大跃进”运动和农村人民公社化运动，使得以高指标、浮夸风和“共产风”为主要标志的“左”倾错误严重地泛滥起来，造成社会主义事业的重大损失。

后来毛泽东同志对以上错误虽有所觉察，并着手进行纠正，但在1959年“庐山会议”上，彭德怀等同志对以上错误提出中肯批评时，却又错误地批判了彭德怀等同志。随后又在全国范围内开展“反右倾”斗争，使以上错误得到进一步发展，致使错误延续了更长时间。加上连年自然灾害和苏联政府背信弃义撕毁合同，使国民经济和人民生活遭到重大困难，造成了极为严重的后果。

1948年11月初辽沈战役结束后不久（12月初），东北大军入关，先后解放山海关、秦皇岛、昌黎、滦县。我们准备接收唐山的干部于11月下半月在唐山西北50多里的山村王官营集合，学习中央政策、入城须知，积极进行入城的准备。12月12日下午领导下通知，当天晚上行动，去接管唐山。我们在夕阳的余晖中从王官营出发，大家抑制不住兴奋的心情，在急行军中不时小声交谈着。夜12时，我们市委机关的干部到达指定地点——西山口开滦1、2、3号房。屋内电灯明亮、温暖如春。整个唐山市完整、和平地回到人民手中，敌人已在几小时前仓皇逃走了。

我在唐山市委宣传部工作了8个月，新中国成立前夕，组织决定我到唐山钢厂党委工作（任副书记）。新中国成立后的3年，主要是发动群众肃清遗留在企业里的反动党团、封建会道门，建立工会及党团组织，恢复与发展生产，支援前线。在胜利完成3年恢复时期任务之后，从1953年开始了第一个五年计划时期，这时我被重工业部任命为厂长。我们学习苏联经验，有计划、有步骤地加强企业管理，从计划管理开始，然后是质量管理、设备管理、成本财务管理，开始实行党委领导下的厂长负责制，以后冶金部又推广“一长制”，不久就进行了纠正，继续实行党委领导下的厂长负责制。同时每年都有一些技措工程、基建项目投产，因而生产水平逐年提高，群众积极性高涨，厂内呈现一片生气勃勃、欣欣向荣的景象。就在“一五”计划的后期1957年，毛泽东同志提出我国要在15年或者更多一点时间内，在主要工业产品产量方面赶上英国；1958年1月在南宁会议上，批评反冒进；在4月成都会议后，继续反对“右倾保守”，提出“钢铁产量翻一番”的号召，计划指标也一调再调，作为一个基层单位的企业领导人也就开始忙活起来。应该说1957年工厂形势很好，国家计划超额完成，钢完成25万吨。1958年年初，国家计划已经下达，现在提出钢产量要翻一番、产量增加一倍谈何容易。靠原来的炼钢车间生产能力肯定是完不成的，怎么办？只有建立新的炼钢车间。钢的产量提高了，轧钢的能力不够，又要建设新的轧钢车间。还有钢的生产能力增加，生铁、焦炭、原材料供应又怎么办？等等。就在这种困难重重的情况下，8月初我和市委工业书记张伯英被召到北戴河，参加和中央政治局扩大会议同时召开的工业会议。讨论的主题就是“钢要翻一番”。1958年风调雨顺，丰收在望。我们开会期间，西瓜、苹果、葡萄供应充足，生活很好，但心里却很不踏实。怎样完成钢翻一番的任务？要建设新的炼钢、轧钢车间，可是时间已经到了8月，即便厂房匆忙建成，还有一些重要设备如天车、电机、鼓风机、轧机又怎样解决？还有这么大的投资谁给拨款？当时张伯英对我说，条件你可以提，但不能说完不成任务。因而在省委工业书记吴砚农、中央工业交通部李雪峰主持的会议上，我提出了完成任务的条件：建设厂房、制造设备、保供原材料、批准投资等。应该说，条件不止一次地提了，问题也反复地讨论过了，但都没有真正落实。在8月下旬的一天下午，我们（工业会议的参加者）被通知去中直听毛泽东同志讲话。当我们到达中直礼堂的时候，会议已经开始，我们匆忙找个座位坐下。毛泽东同志因为坚持游泳，面色黑红，身体很健康。主席台上就座的还有刘少奇、周恩来、朱德、陈云同志。毛泽东同志说，钢翻一番的问题，政治局已经讨论通过。据说毛泽东同志事前分别和各省工业书记作了谈话，严肃地询问各省领导同志“钢翻一番到底有没有把握”，回答是肯定的、一致的。于是中央便作出了决定。毛泽东同志说，中央的决定很快就要公布了，假若我们完不成任务，就会有国际影响，因此任务必须完成。听完毛泽东同志的讲话，我们的会议也就结束了。我和张伯英同志连夜赶回唐山。

9月初，厂内召开全厂干部、职工积极分子为实现钢翻一番的动员大会。为了实现这一目标（年产钢50万吨），厂内划分了两条战线：一条是原有生产单位的生产战线，一条是建设二炼钢及辅助单位的基建战线。市委在唐钢组织了保钢指挥部，工业书记张伯英在厂内坐镇。从此开始了夺钢的日日夜夜。整个四季度，全厂两万名职工意气风发，斗志昂扬。那种昼夜苦战在工地、车间的精神，是极为可贵的。在生产和建设上也取得了一定的成绩。但由于决策的失误，计划过高，脱离实际，究其经济效益那就很难说了。为了钢产量翻番，原有的生铁供应渠道不通了（因为外地铁厂也要炼钢），省委就调运小高炉生铁及发动群众“砸锅卖铁”，甚至连门鼻子、箱吊子、铁（铜）锁都砸了上交。但这样的高硫生铁无法炼出合格的钢，这样的钢水浇注以后就粘模（钢锭模），勉强脱模送到轧钢车间，经过轧机轧制就成了豆腐渣，难以成材。炼钢车间因粘模严重，钢模无法供应，只好把钢水倒进埋在地里的大缸里，浇成了短粗的炮弹式的东西，根本无法轧制。在二炼钢车间工地上，为了追赶进度，厂房水泥柱子浇歪了，房顶无冕板焊接不好，投产不久，房顶便裂开了。为了追赶产量，车间正常生产无法完成的任务，就发动科室、辅助单位职工砌小炉子，用焦炭、锅铁炒钢，生产出来的实际是无用的铁砣。就是这样，过高的计划也无法完成，只好在计量上重复计算。全厂职工苦战一季度，再加上市内的“土铁”“土钢”，最后总算是完成了计划数字。但这样的钢有多少能够加工成材呢？为了生产出这些钢，又耗费了多少燃料、材料、人力和资金呢？由于几千万人大搞钢铁，使大面积丰收在望的庄稼烂在地里，又造成了多么严重的损失？还有，由于违背了经济规律，一切为“钢铁元帅升帐”让路造成的经济比例失调，对国民经济和人民生活的损害又该有多大？应该说，彭德怀同志后来批评的“大搞钢铁得不偿失”，唐山市委书记刘汉生同志说的“大搞钢铁是大伤元气”，是实事求是的。当时，有句口头禅：“要算政治账”，好像只要有了钢翻一番的虚名，一切损失都在所不计了。

进入 1959 年，工厂的日子很不好过，由于去年突击任务，原材燃料的库存吃光了，年初生铁、焦炭、辅料供应不上，生产处于半停顿状态，新建的二炼钢车间因施工质量不佳而被迫停工检修，厂房内部钢渣堆积如山，也亟待清除。在这样的情况下，全年的计划任务怎样确定呢？部里的意见，要在去年的基础上有所提高，问题就在于“去年的基础”。厂内的同志都清楚去年钢翻一番的真相：水分太大，而且质量不合规格。以这个数字作为基础制订计划，就太不实际了。我曾经在一次会议上心直口快地说过：“去年把大家搞得焦头烂额，今年再不能那样确定任务了。”由于原材燃料落实不了，任务也迟迟未能确定下来。

8月下旬，市委通知我和市委及各县、各厂同志去天津参加省委扩大会议。这次会议的主题是传达中共中央八届八中全会关于彭、黄、张、周“右倾机会主义错误”的决议，讨论开展“反右倾”问题。会议学习和讨论了毛泽东同志、刘少奇的讲话和中央决议。会议中间，还让我们回厂传达中央决议。后来会议联系河北省实际，开始批判张家口地委书记葛奇，省委有一位书记在大会上揭发葛奇“反对、攻击大跃进”，说葛奇说过“大跃进”、大炼钢铁给人民造成了极大损失，教训是沉痛的。和我们同住在渤海大楼的秦皇岛市委与会人员，已在小组会上批判市委书记常立木，仅仅因为当时抚宁县虚报产量，他认为不实、虚夸，就说他反对大跃进，反对总路线。省委会议结束后，唐山市委又开会进行传达部署，“反右倾”便在唐山地区全面开展起来。不久就听说市委、省委上报中央，将已调地质部任副部长、原市委书记刘汉生要回唐山批判，批判他攻击“大跃进”（他说过大搞钢铁是大伤元气），反对“总路线”，犯了右倾机会主义错误，撤销副部长职务，下放邯钢。还同时开始对市委书记杨远进行批判。由于当时市委主要负责人的错误指导，陡河两岸的诸多厂矿长大多数受到批判，我自然也在劫难逃。这位地市合并后的第一把手，一贯以“左派”自居，而实质上是见风使舵、左右逢源的人物，在“大跃进”中，他到处宣传“人有多大胆，地有多大产”，吹嘘唐山地区可产粮50亿斤、70亿斤，以至100亿斤，可以先包唐山市（原来由省负责）后包天津市的用粮。为此，唐山市人民吃尽了苦头，因为地区实际产不了那么多粮，也无法保证唐山市的粮食供应，只好以又黑又牙碜的白薯面充数。还有他为图虚名，高估产、高征购，在“反右倾”中，他还从理论上加以发挥，提出新的口号，所谓“一年360天，要300天反右，60天解决一个指头的问题”。可以说，把脱离实际的“左倾”思想推到登峰造极的地步。

在运动初期，钢厂党委先是批判我思想右倾，对“大跃进”态度有问题，以后批判逐步升温，上纲上线，因为在大搞钢铁中，我曾因二炼工程质量不好（水泥柱子浇歪），向工程负责人李子良提出批评和因为钢锭含硫太高、无法成材，在会议上提出意见，便批我反对高速度建设二炼，反对大搞钢铁。因为在年初制订计划时说过去年计划订得太高，弄得“焦头烂额”，今年要实事求是，便批我恶毒攻击“大跃进”。因为过去在计划思想上，我一贯主张“稳妥可靠，留有余地”便批我“一贯右倾”“反对总路线”。就这样，还嫌不够，又在工厂领导制度上做文章，说我坚持“一长制”，反对党的领导。其实工厂领导制度是由上级确定的，作为厂长是无权变更的，更何况在执行中，工厂中的重大问题从来都是由党委讨论决定的（包括实行“一长制”时也是如此），从来没有发生过厂长实行最后决定权的事，顽固坚持“一长制”从何谈起？对这样的批判，我当然无法接受。除了我认真检查自己对新生事物认识迟钝，对建设的高速度理解不够的右倾情绪，和作风上不够谦虚谨慎、存在骄傲自满情绪外，对于“攻击大跃进”“反对总路线”“反对党的领导”之类的批判，我据理申辩，更激起了与会同志更猛烈的火力。于是天天开会对我批判，调子越来越高，火力越来越强。回忆 1942 年延安整风时的和风细雨，今天我才真正尝到“残酷斗争”“无情打击”的滋味，体会到党内斗争的复杂性。在这场斗争中，攻其一点、不及其余者有之；就一点点小事，无限上纲上线者有之；甚至有人无中生有，瞪着眼睛说瞎话。在这样日复一日的斗争中，我思想压力很大，内心隐隐约约有一种“秀才遇见兵，有理说不清”的感觉，吃不好饭，睡不好觉。我爱人知道我被批判，在生活上对我倍加照顾，老母见到我总是默默落泪，无言以对。在批判进行了 3 个多月后，我被迫检查自己存有严重的“右倾保守思想”和“骄傲自满情绪”。当时的党委书记李光华，是我的老战友、李大钊的次子，他为人耿直、诚恳，作风正派，他听了我的检查后，松了口气说：“会议可以告一段落。”我领会他的原意似乎是“斗争会开得差不多了，可以结束了”，谁知当他向市委汇报时，市委主要领导人大为不满，对他严加批评，说他态度不坚决，有右倾情绪。很快他也被调离唐钢（也可能是巧合），由原党委第二书记代他主持对我的批判。新的指挥官上任以后，批斗会的气氛更加炽热，火力更旺。尖锐的言辞，激奋的态度，严厉的斥责，无情的质问，更高的上纲上线，完全是一场你死我活的敌我斗争。作为党委的班长，本应冷静沉着，更有分寸一些，但事实恰恰相反，他比别人有过之而无不及，态度粗暴、武断、激烈，有时甚至破口大骂。这样具有火药味的批斗会又进行了两个月之后，仍未达到将我的错误“定性”的目的，便改变策略，不开大会，采取威胁和诱供相结合的手法，多次和我进行个别谈话。一方面威胁地对我说：“你如继续顽抗下去，错误的性质将会改变为敌我矛盾。”一方面又劝诱我“犯了右倾机会主义错误，不一定是机会主义分子”，暗示让我承认犯了“右倾机会主义”错误，组织可以不把我定为“右倾机会主义分子”。我虽说在革命队伍里生活了将近20年，毕竟缺乏党内斗争经验，特别是想到自己投身革命多年，如果一旦被开除出党，下半辈子怎样生活下去，简直不堪设想，同时也存在侥幸心理，认为按大家批判的意见检讨，兴许会得到组织宽大处理。最后，我被迫承认了自己反对“大跃进”“总路线”，反对党的领导，犯有“右倾机会主义”错误。这样最终满足了市委主要领导人对我进行定性处理的要求。1960年4月，钢厂党委宣布对我的处理决定，经市委决定，省委批准，将我定为“右倾机会主义分子”，撤职降级，下放劳动锻炼。据后来省委监委负责同志谈，省监委开始对市委对我的定性处理是不同意的。为此，唐山市委主要领导人三次亲自出马要求批准市委对我的处理意见，省监委最后被迫同意。从1960年4月开始，我先后到潘家口、洋河水库劳动，直至1961年8月被调回唐山市计委工作。1962年年初，扩大的中央工作会议后，中央指示对1959年“反右倾”运动中受到批判处理的干部进行甄别，经我多次向市委、省委申诉，市委主要领导人才承认对我批判处理错了，向我表示道歉。实际上又迟迟不真正解决问题，只是在省监委再三督促之后，市委才于8月份宣布对我的甄别结论，对1959年的错误处理给以平反，我又回到唐钢工作。

从我亲身的经历和所见所闻，深感“反右倾”运动造成的损失和后果是极其严重的，教训是十分深刻的。

一、执政党的各级领导同志，在巨大的胜利面前，在人民群众的一片叫好声中，要戒骄戒躁，谦虚谨慎，保持清醒的头脑。切不可被胜利冲昏头脑，忘乎所以，拒绝群众和干部的正确批评，独断专行，一意孤行。否则，势必要犯严重错误，招致党和革命事业的重大损失。

二、实事求是，认识和实际相一致，主观和客观相一致，是我们党一贯坚持的思想路线，是制定党的路线、方针、政策和正确决策的依据，在革命和建设事业中都必须遵循这条路线，绝不能违背。否则，因为建设事业的胜利，就头脑发热，夸大主观意志和主观努力的作用，强迫命令，瞎指挥，势必造成革命和建设事业不可弥补的损失。

三、集体领导原则是我们党为保证发扬民主、防止个人专断、实现正确决策的根本的领导制度，民主集中制是我们党为了充分调动全党积极性，而又确保党的集中统一的组织原则，全党必须无条件地贯彻执行。我们党革命和建设事业的胜利都是由于坚持集体领导原则和民主集中制的结果。违背和破坏了它，领导者必然会骄傲自大，自以为是，独断专行，压制党内民主，拒绝批评，以至对持有不同意见的同志进行“残酷斗争”“无情打击”。将个人凌驾组织之上，脱离实际，脱离群众，极大地危害党和革命事业。

四、坚持真理，修正错误，对一个全心全意为人民服务，为社会主义、共产主义而奋斗的共产党员来说，是应该身体力行的，也是理所当然的。但要在任何时候、任何情况下都能做到这一点，就不是很容易的了。为此，就必须抛弃个人得失包括名誉地位，甚至不怕牺牲生命。在“反右倾”运动中，由于我缺乏党内斗争经验，考虑个人得失，在巨大的政治压力下，被迫承认了本来不存在的错误，这是很不应该的，应引为教训。

1959 年的“反右倾”运动已经过去 30 多年了。1978 年 12 月召开的党的十一届三中全会，实现了我们党历史上具有深远历史意义的伟大转折，确立了马克思主义的思想路线、政治路线和组织路线，引导全国人民为实现社会主义四个现代化的伟大事业而努力奋斗。1981 年 6 月召开的十一届六中全会通过的《中国共产党中央委员会关于建国以来党的若干历史问题的决议》，对1958年发动的“大跃进”及1959年开展的“反右倾”运动已经有了正确的评价。但“大跃进”以及“反右倾”运动给党和人民事业造成的重大损失及由此引发的沉痛教训，是值得认真总结、永远不应该忘却的。

1990年7月1日

（原载1990年第3期《秦皇岛党史通讯》）

徒劳的骚扰

中国人民经过艰苦卓绝的浴血奋战，付出了巨大的民族牺牲，1945 年 8 月 15 日，终于迎来抗日战争的最后胜利。国民党蒋介石在抗战期间坚持独裁统治，实行消极抗日、积极反共的政策。抗战胜利后仍然梦想消灭中国共产党和其他民主势力，继续实行大地主大资产阶级专政。迫于中国共产党坚持和平民主、反对内战的方针和全国人民要求和平的强烈愿望，加之进行全面内战还需要准备，蒋介石故作和平姿态，同时加紧内战准备。先是电邀毛泽东同志去重庆共商国是，继而举行全国政治协商会议，在其对解放区的军事进攻受挫后被迫签订停战协定。但当国民党完成战争准备后，立即翻过脸来，撕毁停战协定和政协协议，悍然向解放区发动进攻。从 6 月下旬重点围攻中原解放区开始，继而又大举进攻华东、晋冀鲁豫、晋绥、东北等解放区，全面内战由此爆发。

在全面内战爆发的形势下，抚宁县城的蒋伪军在 1946 年 9 月初对抚宁县委、县政府所在地的台营进行了侵扰。

9 月 4 日，情况开始变化了，昌黎的一部分敌人经马家峪、宋庄到了抚宁县城。上午 9 时 10 分，一架美式蒋机从东面飞来，在台营上空低空盘旋示威、侦察，然后向燕河营方向飞去。夜晚大家都预感到台营已临近敌人进攻的前夜。县长常立木、公安局局长王巨峰、农会主任国桥等同志都转移到三里毛庄去了。县委书记刘胜芳、组织部部长石更和我仍坚守在县委机关（一个旧钱庄的楼上）。夜已经很深了，电话铃不时地响着，报告着抚宁城方面的情况，我们交换着意见，给各区布置工作，组织民兵警戒和准备阻击抚宁县敌人的侵扰。后来由交通员轮流放哨，我们都睡了。虽说睡了，但好像又很清醒，甚至街道上行人的脚步声也听得很清楚。

9 月 5 日，县委的几个同志都起得很早。已经到了秋天，早晨已感到凉意了。我到机关后菜园里看了看，又跑到高处向四周眺望，秋白菜长得很好，老乡们都在地里忙活着，眼看就要秋收了。但是蒋介石却要用血腥的战争来破坏、蹂躏解放区这块和平美好的土地。想起来，真气死人。我们是爱好和平的，但我们也清醒地知道，只有解放区军民紧急动员起来，彻底粉碎敌人的进攻，才能获得真正的和平。

早饭后，两架蒋机从东面飞来，开始在高空盘旋，逐渐下降。突然，机枪声嗒嗒地响了，然后，飞机又飞向高空，不久，又下降进行低空扫射。人们都匍匐在地，用愤怒的眼神瞅着这两个罪恶的家伙，差不多同样的思想在人们的脑里闪过："打鬼子的时候，你们的威风哪里去了？而在今天人民获得解放的土地上，你们为什么这样凶狠？"连续震耳的机枪声响彻台营上空，西街老王家十多岁放羊的孩子和羊群被蒋机发现了，成为他们扫射的目标。放羊的孩子啊，你有什么罪过，却被美机的机枪子弹穿过你年幼的身体！

蒋机趾高气扬地飞走了，受伤孩子的母亲在哭泣，善良的老人们在咒骂："该死的蒋介石啊，你为啥对老百姓这样凶残？"做买卖的小摊小贩急忙收拾了东西回家，街上的行人很少了。从抚宁县城方向传来的枪炮声响了，炮声轰隆响了一下，接着是密集的枪声。抚宁县城的敌人向台营的进攻开始了，沿途遭到民兵的阻击。屋内电话机急促地响了，六区（台营所在地）同志告诉我们：敌人已接近台营，要赶快转移。我们迅速拆了电话，在楼上的门后、楼梯下面都给不速之客准备了礼物（手榴弹）。我们牵着骡子和一头小毛驴，驮着机关的东西离开了台营，到了附近的毛庄时，炮声响得更近，据说炮弹已落在台营街上，南部的枪声也紧了起来，看来敌人已到了台营跟前。但在乡村，老乡们都很镇静。一个年轻的小伙子心有余悸地向我们叙述刚才他正在割谷子时，飞机如何低空扫射，弹壳又如何落在他的周围。他拿出从地里捡起的弹壳，上面刻有"D""M"两个英文字母，是地道的美国产品。孩子们、老大娘都聚拢过来，纷纷议论："为什么美国人要用武器帮助蒋介石残害中国老百姓？"

中午时分，抚宁县城蒋伪军进入了台营镇。他们首先对县机关所在地进行了搜索和破坏，紧接着挨家挨户抢掠群众的粮食、猪、羊和牲畜。也许他们感到自己的兵力太单薄，在解放区的腹地无法安全地待下去，因而在这里停留了仅仅一天，于 9 月 6 日午后又胆怯地溜了回去，同时和日本鬼子的讨伐队一样，强迫群众和他们一起用大车把抢掠的东西送到抚宁县城。在蒋伪军离开台营的次日，我们县级机关又回到台营，和往常一样，开始了正常的工作。

（此文发表于 1996 年第 2 ～ 3 期《秦皇岛党史通讯》）

评　　论

搞好改革开放和坚持四项基本原则

最近，中央领导同志根据当前国内的政治形势明确指出坚持四项基本原则，反对资产阶级自由化，对于维护和发展安定团结的大好形势，坚持改革和开放，促进社会主义现代化建设的极端重要性。我们必须旗帜鲜明、立场坚定地把这场斗争长期进行下去，同时，继续坚决贯彻改革、开放、搞活的方针，搞好社会主义现代化建设。

一个时期以来，宣扬资产阶级自由化、反对四项基本原则的错误言论泛滥，影响极坏。有些像方励之、王若望、刘宾雁那样的挂着共产党招牌的头面人物到处作报告，写文章，肆意丑化共产党，丑化社会主义制度，全盘否定几十年来我国社会主义革命和建设的伟大成就，热衷于宣传西方世界如何好，资本主义如何好，要我们取消四项基本原则，全盘西化。实质上就是否定党的领导，否定社会主义制度，主张实行资本主义的经济政治制度。对于这些极少数顽固反对四项基本原则、屡教不改的人，有关党组织将他们开除出党是完全必要的、正确的。对于他们散布的资产阶级自由化谬论，必须深入批判，消除影响。还有极少数口头高喊“解放思想、拥护改革”实则思想糊涂的人，在一段时间内到处乱讲，胡说八道，对资产阶级自由化起了推波助澜的作用。不少同志对此早有觉察，议论纷纷。但对其错误实质还认识不清，这是必须加以澄清的。

“在马列主义著作中就没有投机倒把四个字，康熙字典里也没有。”

有人振振有词地说，“什么叫投机倒把？投机就是信息，倒把就是搞活！”他甚至在上千人的干部大会上激昂慷慨地向与会同志号召“让我们共同投机倒把吧！”好像这就叫思想解放，这就叫改革。果真是这样吗？不对！邓小平同志早在十二大开幕词中就明确指出，今后一个长时期，至少是到本世纪末的近20年内，我们在进行改革开放建设社会主义物质文明和精神文明的同时，必须严厉打击经济领域和其他领域内破坏社会主义的犯罪活动。这是我们坚持社会主义道路，集中力量进行现代化建设的最重要的保证。如果听任贪污盗窃、投机倒把的腐败现象自由发展，那必将败坏我们的党风和社会风气，破坏我国的社会主义经济，也就谈不上顺利地进行四化建设了。

“我不懂什么叫作共产主义，”有人以嘲笑的口气在干部大会上说，“我只知道买一盒火柴要二分钱。”在他（他还是一个共产党员）的心目中，什么共产主义的理想是一文不值的，只有金钱才是万能的。老实说，这不是什么新的创造，这是庸俗的市侩哲学，这是赤裸裸的资产阶级的拜金主义。恰恰相反，我们党历来就是靠崇高的共产主义理想、艰苦奋斗的革命精神来取得革命和建设的胜利的。假若我们丢掉了共产主义理想和革命精神，我们必然会迷失方向，失掉前途，鼠目寸光，成为政治上的庸人。难道我们能够前进一步吗？

“为了搞活经济，你们松绑吧！”有人以为民请命的身份向党的纪检部门提出要求。否！我们党之所以坚强有力，无往而不胜，首先是由于全党在马列主义、毛泽东思想的理论基础上的认识一致，其次，是由于全党组织上的统一。而铁的纪律则是组织上统一的必要保证。因此，对于党的纪律来说，根本不存在什么松绑问题。我们的党越是思想统一，行动一致，纪律严明，就越能更好地实行改革开放，搞活经济。否则我们的党将成为一盘散沙，丧失了战斗力，无法担当任何重要的任务。

在党提出加强政治工作的时候，我们重新学习和宣传了毛泽东同志“政治工作是经济工作的生命线”的论述，有人不以为然地指责党的组织：“现在还讲这个！你们在重复毛泽东同志‘左’的错误。”不错，毛泽东同志晚年确实犯了错误，但毛泽东思想并没有错，马列主义、毛泽东思想仍然是我们党和国家的指导思想，是四项基本原则之一。毛泽东同志关于政治和业务关系的上述论断，在当前改革开放的新形势下，尤其具有重要的现实意义。经济建设是我们当前的中心任务，而政治工作则为我们指明前进的方向，提高广大群众的觉悟，调动其积极性，更好地为四化建设而奋斗。我们一旦放松或削弱了政治工作，则势必迷失方向，使经济工作走向邪路。

在当前反对资产阶级自由化的斗争中，我们必须大力批判那种否定党的领导、否定社会主义制度、主张资本主义制度的错误言论。同时批评极少数主张改革但思想糊涂的人所散布的似是而非的奇谈怪论，澄清模糊思想，提高认识，以便使我们更好地贯彻十一届三中全会以来党的路线、方针、政策，既要坚持改革、开放，又要坚持四项基本原则。

1987年2月

（原载1991年7月新华出版社出版的《进一步开放的探索与实践》）

关于加强企业管理的几个问题

1986年年初，国务院召开全国经济工作会议，把加强企业管理作为“七五”时期的主攻方向和战略任务提到了十分突出的位置。怎样具体落实全国经济工作会议精神，不断加强和改善企业管理，逐步实现企业管理的现代化？我带着这个问题，与秦皇岛市委工业部和研究室的同志一起，在1、2月份先后到市轻工业机械厂、耐火材料厂和耀华玻璃厂作了一些调查，感到有如下几个问题必须很好地加以解决。

一、充分认识加强企业管理的现实意义

1985年8月初，国务院领导同志在听取国家经委汇报时指出：“我们技术落后，管理也落后，比较起来，管理更落后。”这不仅是对我国企业管理现状所作出的极为现实和极为中肯的分析和评估，同时也向我们提出了加强企业管理对于改变企业的落后面貌、提高企业的经济效益和社会效益的重要性及其现实意义。

秦皇岛是一个发展中的城市，又是国务院决定对外开放的14个沿海城市之一，随着党中央对外开放、对内搞活经济方针的逐步落实，我市的发展有着极为广阔的前景，但同时也应看到，我们原来的工业基础差、底子薄，企业管理水平比其他城市的先进企业更低。即使像耀华玻璃厂、轻工业机械厂和耐火材料厂这样比较先进的企业，就总体讲，管理水平仍然是比较落后的。通过前一阶段的企业整顿，有关部门和企业的领导对加强企业管理做了大量工作，但还不能尽如人意。特别是有些企业的领导同志，对于加强企业管理还缺乏足够的认识，既无紧迫感，也没有长远的规划和打算，有的对技术落后看得比较清楚，但对管理落后缺乏认识，存有通常观念；有的只注重外部条件，而不是眼睛向内，不能把工作重点放在扎实的基础工作上；还有的总是寄希望于上新项目，不切实际地主张扩大生产规模，搞新建扩建，而不善于组织集约化生产，走内涵发展的道路。这在

很大程度上造成了我们产品质量差、物质消耗高、产销不对路。我市少数亏损和临近亏损边缘的企业，尽管有主客观方面的多种原因，但管理混乱和落后是一个不容忽视的重要因素。

企业管理是一门科学，是一门介于自然科学和社会科学之间的边缘科学、综合科学。没有管理，就不能进行最简单的生产；没有严格、科学的管理，就不可能生产出物美价廉的产品，就不可能取得好的经济效益和社会效益；即使有先进的技术和设备也难以发挥应有的作用。所以，加强企业管理是改革的需要，也是改革的重要内容。只有把企业搞活了，管理现代化才能在企业里顺利进行；只有企业管理现代化取得成果，企业才能具有真正的活力。“七五”时期，是为我国90年代经济振兴打基础的时期，在这5年里，要为改革创造良好的环境，为今后的发展准备后续力量，又要在发展生产的基础上继续改善人民生活，这将使我们面临许多矛盾。按照党中央的要求，解决这些矛盾，关键有两条：大力提高企业经济效益，积极增加出口创汇能力。而解决这两个关键问题最现实的出路，就在于坚持改革，加强管理，大力提高企业素质，把企业内部蕴藏的巨大潜力挖掘出来。我们还必须看到，在改革、开放、搞活的新形势下，企业内部和外部情况都发生了很大变化。领导体制、管理体制、经营思想和经营方式的改变，使企业正在从旧的经营模式束缚下解脱出来，逐步成为相对独立、自主经营、自负盈亏的经济实体。企业地位、作用的变化，以及经过引进、改造，生产技术面貌的变化，都要求建立与之相适应的管理制度和管理方法。这也是我们面临的十分迫切和十分现实的问题。所以，我们企业的各级领导同志，都要很好地解决对加强企业管理的认识问题，要使我们的干部和广大职工明确，现代化大生产要求有相应的现代化管理。不提高管理水平，就不能有效地协调全体劳动者的行动，充分发挥他们的积极性、智慧和创造力；就不能合理地组织各种生产要素，提高企业的整体效能，用尽可能少的劳动消耗和物质消耗生产出尽可能多的优质产品；不提高管理水平就不可能有产品的高质量、生产的高效率、经济的高效益。要动员广大干部和职工齐心协力，努力工作把我们的企业管理真正提高到一个新的水平，以便更好地落实“七五”计划的要求。

二、抓基层，打基础，切实加强企业管理中的基础工作

企业管理是一项艰巨、复杂的工作，必须从管理的基础工作抓起，抓基层、打基础，扎扎实实而又锲而不舍地积若干年之努力，才能收到成效。在这方面，急于求成、急功近利、大轰大嗡、做表面文章，是不可能达到预期目的的。

当前企业管理的基础工作很多，一般说来都应该加强，都需要加强。但最突出的是以下几点：（1）健全原、材、燃料的管理制度和半成品、成品的技术标准；（2）完善各项技术操作规程和设备维护、检修规程；（3）加强计划、技术、成本的原始记录和统计工作；（4）强化计量计器和监测、检验手段；（5）健全技术、物资、成本的定额管理；（6）完善生产工人、职能人员、领导干部等各级各类人员的岗位责任制。这些管理基础工作做好了，企业真正做到有章可循，严格照章办事，功必奖，过必罚，就可以避免“消耗无定额，质量无检验，成本无核算，经营管理吃大锅饭”的现象，同时避免职责不明、责任不清造成的种种弊端，企业管理工作就可以在现有的基础上向前迈进一大步。

班组是企业的基层组织，各项管理基础工作都要从班组做起。因此，抓基层、打基础，切实把班组的工作做好，对于提高企业的管理水平有非常重要的意义。从耀华玻璃厂、轻工业机械厂和耐火材料厂这些管理工作做得较好的企业看，共同的特点就是班组建设搞得较好。从全国经济工作会议交流经验的情况看，许多企业都把加强班组建设作为改善和加强企业管理最根本的途径。所以，我们务必下力量抓好班组这个基层，打好班组的基础管理工作。为此，就要切实把班组建设列入各企业重要的议事日程，经常深入下去进行调查研究，发现问题及时解决。要注意培养和选拔好班组长，注意培养和配备好班组的质量监督员、成本核算员等八大员，并要充分发挥他们的作用。同时，要随时注意加强对班组长、八大员和工人的培训，不断提高大家的思想水平、管理水平和技术业务能力。

当前，要围绕企业的配套改革，注意挖掘班组的潜力，激发班组奋发

向上的拼搏精神，不断培养和树立起一个好的班风、组风，使每个班组成员都有高度的责任感和荣誉感。作为企业的领导者，还要注意合理安排人力，注意发挥每个（班组）成员的一技之长，不要单纯靠拼体力、靠加班加点、靠义务劳动来组织班组的生产。要注意班组的智力开发，尽可能采用新技术、新工艺，以便减轻工人的劳动强度，提高生产效率。要引导班组工人开展小改小革活动，组织职工多提合理化建议。要组织班组职工开展比较合理的劳动竞赛，并且要从体力型竞赛转向智力型竞赛，激励职工在“巧干”上大做文章。在班组建设中还要特别注意培养集体意识，用集体的荣誉感来激励职工的事业心和责任感。方法可采取荣誉激励、目标激励、物质激励、竞赛激励、典型（榜样）激励等，把职工的积极性最大限度地调动起来。总之，班组建设加强了，基层抓好了，基础打好了，各方面的管理工作也就随之上去了。

三、把提高产品质量和降低物质消耗作为加强企业管理工作的重点

提高产品质量和降低物质消耗是社会主义生产目的的客观要求，也是社会主义企业管理的基本任务。质量和消耗是企业管理水平和技术水平的综合反映。当前产品质量低和物质消耗高是企业普遍存在的问题，它直接影响着整个经济效益和社会效益。这固然与我们的技术装备落后、工艺水平低有关，但更重要的还在于我们的管理落后。因此，把提高产品质量和降低物质消耗作为加强企业管理工作的重点就显得格外重要。

从我们秦皇岛市的工业企业看，当前产品质量低的原因，除技术装备落后这些共性因素外，主要在于我们有些企业原、材、燃料和半成品、成品技术标准和产品操作规程不健全，工人技术水平和操作水平低，技术监督、检验不严，工人和技术人员的岗位责任制不落实。不少小型企业目前对产品质量的管理还仅仅停留在“经验管理”阶段，有的甚至连经验管理都做不到。尤其重要的，还在于企业领导人对提高产品质量缺乏足够的认识，缺少得力的改进措施。此外，还有个别企业，如我市某县一个乡办的啤酒厂，经营思想不端正，只图赚钱，偷工减料，粗制滥造，以次充好，

甚至以假乱真。而原、材、燃料消耗高的问题，与产品质量低有着密切的联系。如成品率低，废次品增加，就必然加大原、材、燃料的消耗；生产不正常，事故多，就会造成更多的废品，既影响产品质量的提高，同样会造成消耗高的后果。

为了提高产品质量，降低能源和物质消耗，提高经济效益和社会效益，国家经委主任吕东同志根据各地的实践经验，强调要抓好五件事：一是有计划、有步骤地实行全面质量管理，把质量指标与职工的政治荣誉和物质利益挂钩，在奖金分配上具有否决权；二是加强国家对产品质量的监督；三是建立健全节能降耗的保证制度；四是对工业企业消耗高的重要原料、材料和能源实行节约有奖、超耗有罚的办法；五是继续搞好质量和节能降耗的评优工作。这五件事，对于提高产品质量，降低物质消耗，无疑是非常重要的。我们企业主管部门和各企业的领导同志，务必认真研究，坚决贯彻落实。真正做到抓管理、上质量、降消耗。同时，所有企业都必须端正经营指导思想，不能只顾赚钱，粗制滥造，以次充好，以假乱真，见利忘义，不顾国家和人民利益，背离社会主义原则，丧失基本的职业道德。应该看到，凡是不讲究质量的企业，即使暂时能钻“萝卜快了不洗泥”的空子，但终究不可能有竞争力，是没有前途的。因此，所有企业必须增强提高产品质量和降低物质消耗的意识，明确质量和消耗正是经济效益和社会效益的根本，切实把企业管理工作中的这两个重点问题紧紧抓住，切实抓好。

四、加强专业管理，不断健全管理制度，理顺管理关系，努力实现管理的现代化

企业管理是一项十分复杂的系统工程，它包含着多方面的内容。如计划管理、生产管理、技术管理、质量管理、成本管理、财务管理、劳动管理、设备管理、行政管理等，同时，还包括思想政治工作和组织工作方面的企业干部管理和工人管理等。这些多方面的管理之间，是有机联系、互相影响、互相促进的。在一定时期，重点加强某一两项管理作为突破，是完全必要的。但从根本上改变企业管理的落后面貌，还必须综合考虑各项管理的有关因

素，并使之有机地衔接起来，才能在总体上收到更好的效果。所以，每个企业都必须在加强管理基础工作的基础上，下决心加强企业的各项专业管理，同时，不断健全管理制度，理顺管理关系，创造条件，努力实现管理的现代化。

当前，我国经济体制的改革正在探索中前进，企业的领导体制正在进行着重大的变革。厂长负责制的试点和逐步推行，从根本上解决了人为地把领导与负责割裂开来，把决策与对决策执行后果承担责任割裂开来造成的种种弊端，使企业党委在指导思想、工作内容、领导方法和工作方法上都带来了新的变化，使企业的行政领导能更好地行使职权，尽职尽责。这就为全面加强企业管理从组织制度上给予了保证。

随着企业领导体制的改革，要相应地改革管理体制，健全各项管理制度，注意不断理顺管理关系，具体地说，就是理顺管理的各种职能的关系，使之符合管理规律，促进并保证管理工作的不断提高。

企业实行各项专业化管理，就需要各企业的领导同志，根据本企业的现状，通盘考虑，全面安排。第一，要制定出规划，并对每一项专业管理作出系统的切实可行的实施方案。与此同时，要对广大干部和职工深入进行专业化管理的目的、意义的教育和技术业务培训，增强干部职工进行专业化管理的自觉性和适应能力。第二，要严格各项专业化管理的规章、制度，严格企业各级各类人员的岗位责任制。在执行规章、规程、制度和岗位责任制方面，必须做到严肃认真，一丝不苟，有令必行，有禁必止，不得有任何含糊。第三，要奖罚分明。在专业化管理工作中做出优异成绩者，要大力表彰和奖励；达不到规定要求或出现失误者，要按规定认真处罚，不得有任何迁就。第四，企业的各级领导同志要注意深入科室、车间、班组，进行具体指导，帮助解决专业化管理中随时出现的各种问题。第五，在专业化管理的过程中，还要从只重视物的管理转向更加重视人的管理，加强思想政治工作，充分调动职工参加民主管理的积极性，使专业化管理真正在广大职工中生根，不断发挥广大职工的社会主义积极性和创造力。

实现管理现代化是我们的方向和目标。因此，在加强专业化管理的同时，要注意积累经验，逐步消除内部各项专业管理互相分割的弊端，不断完善、协调、提高，逐步向现代化管理迈进。在专业管理的现代化方面，主要应强化市场调查和预测、营销管理、科技和新产品开发、质量控制和监督、成本资金和价格管理、以“节能降耗”为中心的物资管理、安全和环保、会计和审计、“外引内联”以及法律顾问等方面的职能，以便合理利用人、财、物、信息等各种资源，更有效地组织供、产、销等生产经营活动。

国家经委在全国经济工作会议上制定并印发了《企业管理现代化纲要》，并且推荐了18种现代化管理方法，各企业都要认真学习，并要结合本单位的实际，积极推广、选择、应用。今后所有企业都要逐步学会应用全面质量管理、目标成本管理、价值工程、市场预测等方法，把企业管理工作真正提高到一个崭新的水平。

总之，各企业要通过加强管理，挖掘内部潜力，提高企业素质，向管理要产量，要质量，要原、材、燃料，要经济效益，要劳动力。在不断增加生产和国家财政收入的同时，增强企业自我改造和自我发展的能力，努力为我国的四化建设事业作出更多更大的贡献。

1986年5月

（原载1986年第6期《秦皇岛调研通讯》）

广东经济振兴的五点启示

1988年4月13日至5月4日，我和武学文同志随省顾委考察团，对广东省经济发展情况进行了为期20多天的考察，先后听取了广东省经委、外经委的情况介绍，到肇庆、佛山、珠海、深圳、三水、东莞等市县作了实地调查。20多天考察总的印象是，广东经济发展快，社会秩序好，特别是珠江三角洲外向型经济已有一定规模，考察后使人耳目一新。他们没有辜负中央的期望，在改革、开放、搞活方面确实先走了一步，并取得了令人折服的经济效益和社会效益。到1987年年底，广东省工农业总产值达到1218亿元，比1978年的291亿元增长了3倍多，平均每年递增17.2%；社会总产值达到1583亿元，比1978年的373.5亿元增长了3倍多，平均每年递增17.4%；外贸出口总值达到55亿美元，比1978年的14亿美元增长了2.9倍，平均每年递增16.4%；财政收入达到95亿元，比1978年的40亿元增长了1.3倍，农民和城镇居民的人均收入都翻了三番。不到10年时间，广东经济为什么发生如此惊人的变化，除了他们有一定的地理优势、中央给了他们一些特殊政策之外，我认为有五个方面的经验很值得我们学习和借鉴。

一、用足用好中央政策

不可否认，中央确实给了广东一些特殊政策，而广东恰恰是在改革开放、发展经济中积累了很多用足用好中央政策的宝贵经验。他们在贯彻落实中央路线、方针、政策时，第一是反复学习，认真研究，力争把中央政策精神弄懂吃透，始终把握住以经济建设为中心这个大前提；第二是结合广东的实际情况，制定出全面贯彻执行的具体意见和措施，保证以最快的速度使中央政策落到实处；第三是按照经济发展的客观需要超前试验，即在中央没有明确规定的情况下，进行大胆的探索和尝试。1982年，广东率先完成了第二步利改税，在全省全面推行了经济承包经营责任制；几年时间下放了10种外贸审批权，有860多家公司、100多个生产企业可以直接经营进出口业务。在进行第二步利改税时，广东省委提出只要完成包干任务，企业就可以 7、2、1 分成；全省实行集资办电时，曾受到过很多方面的批评和非议，广东省委、省政府硬着头皮坚持下来，结果是 3 年时间新增发电能力 127 万千瓦时，基本上缓解了全省供电不足的矛盾，为全省经济的高速发展提供了保证。

二、合理调整产业结构

广东本来是一个能源不足、适合轻纺工业和经济作物发展并有一定基础的省份。然而，他们也曾经历过以粮为纲、钢铁会战等坎坷历程，投入大量的人力、物力进行围海造田，挖煤找铁，其结果是自然资源遭到严重损坏，经济运行陷入恶性循环。1979 年以前，连续 14 年发展速度在全国各省、市平均线以下。党的十一届三中全会以后，广东省委及时把工作重点转移到经济建设上来，首先对全省的经济状况和产业结构进行了认真的分析，逐步确定了从广东实际出发，扬长避短，大力发展适合广东情况的产业的经济工作指导思想，经过几年较大规模的调整，轻重工业的比例已由 1978 年前的 57 ∶ 43 调整为 65 ∶ 35，轻纺、电子、家电、建材、食品、塑料等工业已形成系列，其中轻纺、家电已成为全国生产基地。轻纺工业和第三产业在广东如鱼得水，同时，也正是由于这些产业的恢复和发展，使广东经济如虎添翼，迅猛腾飞。实行对外开放政策以后，广东省各级党委和政府，又及时按照国际市场的需要，大力发展双向型、外向型经济，到 1987 年兴办“三资”企业 5193 家，占全国 8546 个的 60.7%，兴办“三来一补”企业 10000 多家，有 350 多种产品打入国际市场。各地市在调整产业结构时也都坚持实事求是，因地制宜。珠海与澳门仅一关之隔，距香港不足百里，每年由珠海入境的达 7000 多万人次，在全国占第二位，从 1981 年开始，珠海市把旅游业放在首位，3 年时间建起四星级宾馆 4 座，高级床位发展到 10000 多张，而效益却很小，每年旅游收入只有 300 多万元。珠海市委、市政府经过认真的分析比较，逐步认识到珠海虽然地近港澳，但一无桂林山水，二无名胜古迹，更不能与港澳相比。同时，只搞旅游也起不到对外开放的四个窗口作用。1984 年他们果断地调整了发展重点，制定了“一为主，三兼顾”的战略方针，即以工业为主，兼顾旅游、农渔、商业。到1987年，4年时间搞起了电子、饮食、轻纺、建材、机械五金等五大产业，工业总产值由380万元发展到12.5亿元。产业结构的合理调整，使广东经济迅速实现了由自然经济向商品经济、由内向型向外向型的战略转变。

三、强化信息把握机遇

很多到过广东的同志都认为广东经济振兴的原因是“天时、地利、人和”，他们有中央给的特殊政策，有优越的地理条件，有安定团结的政治局面，但是，不能不看到广东人强烈的开放意识和信息观念所起的重要作用。他们为了及时把握国际市场的发展变化，先后在国外设立了150多个贸易机构，与147个国家和地区建立了贸易往来关系，这些贸易机构和往来关系，使国际市场信息源源不断地反馈到广东省的决策机关和全省各部门、各行业。1984年他们了解到日元升值、发展国家产业结构调整的信息后，及时确定了大搞“三来一补”的对策，人们称之为“广东的第一次机遇”，这次机遇使广东经济发生了重大变化，开始打破了新中国成立以来封闭式内向型的经济格局，不到3年时间全省“三来一补”企业就发展到10000多家，从业人员达500多万，累计收工缴费15亿元，已成为广东省外汇收入的主要来源。随着广东基础设施、投资环境的不断完善，外商投资兴趣愈来愈浓，到1987年来料加工订单已承接不暇，广东省又不失时机地抓住这个机遇，把开放地带从“小三角”扩展到“大三角”，即以广州为圆心，从珠江两岸扩展到东起汕头西至湛江的三角开放地带，经国务院批准，对外开放县已由11个扩大到50多个。目前，广东省已形成了特（区）、沿（海）、平（原）、山（区）为层次，以两头在外、大进大出为特色的外向型经济格局。

四、外引内联借水行舟

1978年前，广东经济在全国处于中下游，发展速度连续14年在全国各省、市平均线以下，而十一届三中全会以后的9年，每年平均以17%

以上的速度迅速增长，连续 9 年高于全国的平均发展速度。他们的一条重要经验就是外引内联，借水行舟。到 1987 年广东与全国 28 个省市合办了 9185 个内联项目，协进资金 46 亿元；兴办“三资”企业 5193 个，引进外资 54 亿美元；引进各种设备 90 多万台套，装配新的生产线 2400 多条，使全省半数以上的老企业得到了不同程度的改造，有 70% 以上的设备达到 70 年代至 80 年代国际先进水平。9 年时间全省固定资产投资 760 亿元，其中国家投入不足 10%，就是说 90% 以上的固定资产投资是靠协进、引进和集资解决的。广东就是靠这些钱缓解了能源不足的状况，靠这些钱改善了投资环境，总之广东就是靠外引内联解决了建设资金不足的问题，使自己提前驶入了商品经济和国际市场的海洋。

五、集体经营共同致富

广东省乡镇企业是广东经济发展中最活跃的一支生力军，他们一个突出的特点是集体经营。我们所到的肇庆、佛山、珠海以至闻名全国的深圳市宝安县南岭村，90% 以上的乡镇企业都是由集体经营的，在农村实行大包干时，他们没有把原有的工副业摊子分掉，而是千方百计地保留了下来，在原有的基础上改革管理制度，提高经营水平，全都实行承包经营。佛山市在实行大包干时乡镇企业的固定资产已达到 7 亿多元，总收入达 5 亿多元，他们以此为依托，大搞“三来一补”，到 1987 年，全市乡镇企业发展到 63000 多家，有 60% 以上的农村剩余劳动力进入乡镇企业，总收入达到 69 亿元，不到 6 年的时间增长了 12.8 倍。群众每户每年平均由乡镇企业中收入近 3000 元。深圳市宝安县南岭村，全村仅有 134 户，603 口人，221 名整半劳力，到 1987 年村办企业发展到 14 个，其中搞“三来一补”的 10 个，内联的 4 个，总收入达 3000 多万元，占全村工农业总收入的 93%，创汇 3000 多万港币。外地到村做工的多达 7000 多人，这些企业和固定资产全部归村集体所有，村委会就是董事会，企业由厂长经理承包经营，人均收入已达 8000 多元。按村委会主任的话讲，“我们走的是一条共同富裕之路”。集体经济的发展壮大为精神文明建设提供了雄厚的物质基础，该村已全部实行了免费教育和免费医疗，村民实行了退休金制度，办起了小学、文化中心、保健中心、银行、邮电所。建立了村民健康档案，成年男人每年免费体检 1 次，妇幼体检 2 次。外地工人每月交 1 元医疗费、16 元伙食费，不足部分全部由集体收入中支付。肇庆、佛山、珠海等地市坚持以工补农、以工养农、以工建农，在农村工业迅速发展的同时，农业生产条件和现代化程度得到了较大的提高，不足 40% 的劳动力创造出了比“全力以赴”时期高出几倍的经济效益。20 多天的珠江三角洲之行我们所听到看到的大量事实，进一步证明了党中央改革、开放、搞活的政策是正确的。只要我们从自己的实际情况出发，学习和借鉴广东的经验，放胆地去干，我市改革开放的步伐必将大大加快。

1988 年 5 月

秦皇岛市实施沿海经济发展战略中的几个问题

根据省顾委的安排，最近我就秦皇岛市实施沿岸地区经济发展战略情况进行了调查。通过深入卢龙、昌黎、抚宁三个开放县和北戴河区，听取县区负责同志的汇报，参观一些县区属企业和乡镇企业，感到当前实施沿海发展战略，有以下几个问题，需要妥善解决。

一、抓紧解决与新形势发展的需要不相适应的思想问题

党中央、国务院作出的加快发展我国沿海地区外向型经济的重大决策，无疑会大大加快我国四化的进程。如何实施好这一决策？首先要认真解决好干部群众特别是领导干部的认识问题，使干部真正担负起领导这一事业的重任，使广大人民积极投身到这一事业中来。前一阶段，全市在对实施沿海发展战略的学习宣传方面，做了大量的工作。昌黎县在学习讨论中，找出了思想观念和心理意识与开发、开放新形势要求不相适应问题。一是对开发、开放新形势缺乏充分的思想准备；二是习惯于过去的形势、环境下工作和生活，习惯于过去的思想方法、思维方式和观念意识去认识事物，分析问题和解决问题；三是观念陈旧，思想僵化，束缚手脚的陈规陋俗、条条框框较多，思想不解放，胆子放不开。为解决这些不适应问题，县委作出具体部署，形成《纪要》发至全县。并发挥县、乡（镇）党校的作用，集中组织各级领导干部培训，提高了各级领导者的思想认识。卢龙县在宣传发动过程中，有针对性地解决了基层干部思想上存在的“小富即安不想干”“怕担风险不愿干”“新的革命不会干”“风气复杂不好干”“党性不强不真干”的安于现状、不求进取和悲观畏难情绪，对澄清人们对形势的模糊认识、增强搞好开发开放的紧迫感，起到了积极的推动作用。我们应当看到，当前还有一部分同志对中央发展战略的理解还不深不透，对有些问题的认识还比较片面，一些陈旧的思想观念像无形的绳索一样束缚着这些同志的手脚，妨碍着沿海发展战略的实施。因此，各级党委、政府要

像卢龙、昌黎县那样，采取切实有力的措施，认真解决好干部群众对中央战略部署的认识问题，针对干部群众思想上存在的不适应，进行深入细致的工作，统一大家的思想认识，调动起各方面的积极性。

二、妥善解决实施沿海经济发展战略与原来制定的《发展战略》的关系问题

现在有的地方在实施沿海发展战略过程中，脱离了原来制定的《发展战略》的轨道，重打鼓，另开张，重新制订新的规划和措施。这种做法欠妥，使基层干部无所适从，不知怎么办好。过去我市各县区从本地情况出发制定的《2000年经济技术社会发展战略》，是在经过较长时间反复调查研究、科学论证的基础上制定的，经过两年的纳轨实践，已经初见成效。因此，我们实施沿海发展战略不能与原来的《经济发展战略》截然分开，而应该把二者紧密结合，按照新形势的要求，不断加以发展、充实和完善。不能新起炉灶，另搞一套。昌黎、卢龙两县在这方面的指导思想比较明确。昌黎县提出继续“三线（即沿海，山区、丘陵，公路、铁路三条线）开发，两带（即沿滦河带、中部沙带）治理，突出重点（即乡镇企业），稳定基础（即农业）”的经济发展战略，并根据发展外向型经济的需要，提出了紧紧抓住两个重点（即沿海发展战略、黄淮海平原发展战略），三个环节（改革农业结构、推进适度规模经济、发展出口创汇劳动密集型产业），四个专项建设（以碣石山市场为主的市场群体建设；以滩涂养殖为主的万亩虾场建设；以中日合作经营为主的花岗岩板材厂建设；以横向联合为主的新型建材商品旅游设施建设）。卢龙县确立的实施沿海发展战略的指导思想是：在原来经济发展战略中提出的“挖三宝”（挖甘薯深加工、引青渠水、矿石开采之宝），“聚四财”（聚粮、果、牧、工之财）的基础上，加上“两线（公、铁路线）开发”“七镇（石门等七个乡镇）突破”，即在扎扎实实发展自己的经济实力、增强农业后劲、发展创汇农业的基础上，开发津山公路经济走廊线，建设开放加工区，加快全县乡镇企业和外向型经济发展的步伐。

三、正确处理“内向”与“外向”的关系，有计划、有步骤地发展外向型经济

现在有的单位把发展外向型经济的希望过多地寄托在引进外资和新上项目上，这是很不实际的。根据我市实际情况，发展外向型经济的起步期，应走“内外结合，以内促外”的道路。发展外向型经济从根本上说要靠发展生产力，活跃商品经济，增强经济实力。发展外向型经济的目的，是利用国际市场，增加出口创汇，进一步发展我国的生产力。当前工作的重点，应该坚持四个轮子一起转，大力发展乡镇企业，加强对老企业的技术改造。改善目前老企业基础落后、品种少、质量低、管理差的现状，加强经营管理，扩大品种，提高产品质量，生产出一批叫得响、质量过硬的名优产品。同时，根据条件和需要，兴办开放加工区，改善投资环境，制定优惠政策，为引进外资创造条件。当前既要面向国内市场，又要积极稳妥地打进国际市场。昌黎县在洽谈引进合资项目的同时，狠抓了老企业的技术改造。该县鞋厂出口布鞋改造工程正在抓紧施工，竣工之后将大大提高生产能力。北戴河区刃具厂原来是一个只生产内销普通钻头的小企业，今年以来转产销往香港、美国的双头钻，企业效益看好。到目前，订货43万只，已交货10万只，完成外贸收购额4.6万元。这两个厂在老企业技术改造方面迈出了可喜的第一步，并展示出通过老企业改造增加出口创汇的广阔前景。

四、克服盲目性，根据实际情况（条件、需要）建立开放加工区

当前有的县规划开放加工区数量偏多，范围偏大。有些县确定了几个开放加工区，虽然准备分步开发但预定先行开发的加工区面积就相当于市经济技术开发区起步面积的3～4倍。县里经济实力有限，基础工作薄弱，信息灵敏度差，要在短时间内兴办这么多这么大的加工区是办不到的，在客观上也无此需要。即使建成了，引进外资寥寥，必将造成极大的浪费。卢龙县加工区的选择和做法突出的一个特点就是立足县情，坚持一切从实际出发。他们经过调查研究，确定在交通方便、有一定经济技术基础、商业比较发达、对外开放起步早的石门镇，为全县的加工区，制定了比较切

实的规划。他们选择一块500亩的砖场废地，兴办一个以建筑工业为主的开放加工区。现在正在抓紧基础设施建设，投资71.5万元进行市政建设和道路建设；国家、地方、民间合资215万元，建设12座楼房，改善城镇的商业、服务、医疗、教育条件。这个加工区目前已拟定新上项目7个，正抓紧实施。

在引进外资、洽谈项目时，应该掌握国内外信息，做到心中有数，并对项目进行可行性研究，然后再拍板定案。防止盲目性，警惕受骗上当。在横向联合中，有一些三线军工企业要进入我区，我们应该对其产品方向、经营状况、经济效益进行细致的了解，然后决定是否引进，不能为了在加工区多办企业就来者不拒，否则，我们是会背上包袱的。

在各县大力发展外向型经济中，在行业管理、老企业技术改造、与外商洽谈项目、兴办加工区、外贸出口方面，市政府有关部门在业务上应对其进行指导和具体帮助。

总之，我们在发展外向型经济中，必须用中央的指示武装各级干部的头脑，提高认识，解放思想，提高紧迫感和责任心；必须坚持实事求是的原则，立足于现有经济基础，大力发展乡镇企业，对现有企业进行技术改造，加强经营管理；同时，有选择地兴办加工区，引进外资，加强横向联合，多上新项目，尽快将我市经济纳入外向型的轨道。

1988年7月

（原载1988年第10期《河北顾委通讯》）

关于我市城市建设的意见和建议

近几年，我市城市建设发展很快，城市面貌日新月异，并连续几年被评为“全国十佳卫生城市”。这都是每个秦皇岛人引以为自豪的事情。但随着建设规模的不断扩大，也暴露出了一些问题，根据群众反映和个人观察，感到突出的有以下几点：

一、北戴河海滨林场最近兴建了占地4000亩的海滨野生动物园。原有森林遭到较大的损坏。我觉得以损坏现有滨海林场为代价而兴建这个项目，从环境保护和社会效益全面加以衡量，未必恰当和可取。现在既已兴建，下一步应该精心保护好现有森林，千万不能再毁林扩大范围。

二、北戴河老虎石公园东面、沿海公路北侧，原是一片绿地，最近有关部门划出1.5亩合资兴建了泵房和别墅。距离滨海公路很近。把好端端的一片绿地毁了，树木砍了，十分可惜，也影响了整个海边的景观。

三、市里对一些临街新建和改造项目缺乏宏观管理，在施工中，树木被砍、绿地被毁的现象屡有发生。

四、四河污染问题亟待解决。流经市区的大小马坊河、护城河和新开河，本来经过治理，污染问题应该得到解决，成为人们游览和小憩之地。但现在四处污水仍向河里倾泻，河水混浊，特别是一到夏天臭气难闻，污染了市区环境，群众意见很大。这种状况与我们这座旅游城市很不相称。解决四河沿岸排污和污水处理问题，应提到议事日程上研究解决。

五、引青园问题。原设计规模偏大，花钱太多，已停建两三年，现场到处是砖瓦石块和新倒垃圾，很不雅观。该园地处迎宾路东侧，来往行人路过，议论颇多，应考虑处理方案。

六、市内垃圾特别是一些居民小区还存有死角，满街到处堆放，垃圾处理哪里洼就往哪里倒，影响了环境卫生。随着城市建设的不断扩大，应建立垃圾处理厂。

七、民族路边的得趣园和迎宾路与燕山大街交叉路段以南的小树林公园，水池里漂浮的杂物太多，因无人清理，水面很脏。

根据以上情况，提出如下建议：

一、请市政府责成有关部门有关领导，进一步加强城市建设总体规划和管理，逐级实行严格的责任制度。在总体规划的指导下，对每个小区的建设和管理，都应有具体规划和负责人。在施工之前有关部门有关负责人应严格把关，进行可行性研究，履行必要的审批制度。以防止建设的随意性所导致的失误，保证城市整体布局的协调和统一，以免给优美的环境造成损害。

二、要采取措施，保护好树木和绿地。任何建筑原则上都不应破坏现有树木和绿地，万不得已时，也应尽量减少。对现有森林、树木、绿地应严加管理，防止破坏。

三、要加强对现有景点的管理，保护好现有的旅游资源。要落实好城市管理责任制，提高城市管理水平。

四、引青园的问题：政府原拟将该地卖出，平毁现有建筑，恐难实现。建议将该园稍加整理，保留原有建筑，清除场地垃圾，进行绿化，建成一个街旁公园。

五、认真解决四河水污染和市区垃圾处理问题，根据财力，统筹规划，建立污水、垃圾处理厂，分期实现。使城市面貌、环境水平得到提高。

1995 年 6 月 1 日

（市政府主要领导同志对此建议批示：意见很好，如实反映了当前存在的问题，请主管城建副市长转达有关单位。野生动物园建立，不能以毁林为代价，多保留一株也好。砍伐树木就要报批。沿海滨建设要有个办法，不然几年后景观就破坏完了。其他问题逐项抓紧落实。）

卢龙县大办农田水利建设给我们的启示

70年代以来，卢龙县委、县政府把大办农田水利建设放在十分突出的位置，当成全党全民的大事来抓，奏响了接力治水、兴县富民的“三部曲”。先后修建了总蓄水量为5910万立方米的121座小型水库和197座塘坝；贯穿全县、全长67.5公里、引水10个流量的“引青（青龙河）灌渠”；以引青渠区配套为主体、总长度为129.07公里的四百户、燕河、花台、陈官屯等12条分干渠。纵横交错、星罗棋布水利网的形成，使昔日缺水的卢龙县换了新颜。1987年以来，全县粮食产量连续3年持续稳定增长。1989年遇到历史上罕见的大旱，粮食总产量仍达到2.215亿公斤，创历史最高水平。林、牧、渔各业都有相应的发展。1989年被省、市命名为农村水利建设先进县。1990年粮食产量可达到2.3亿公斤，超过历史最高水平。

卢龙县人民在党的领导下，大搞农田水利建设，成绩大，效益显著，给予我们以极为深刻的启示。

一、我们的干部特别是各级领导干部，要像卢龙县各级干部那样满怀热情地对待广大群众，牢固树立全心全意为人民服务的思想。深入实际，体察民情，想人民所想，急人民所急，敢于和善于根据群众需要和实际可能，作出正确决策，率领群众艰苦奋斗，大干苦干，以至做出改天换地、造福于民的事业。

卢龙县70%的耕地为丘陵山地，地下水贫乏，降雨量分布不均，农作物播种和生长期降水很少，粮食产量一直低而不稳，农民生活十分贫困。为此，历届县委、县政府从本县实际出发，把“治水兴农、造福于民”作为共同奋斗的目标，治水的“接力棒”一届一届地传了下来。70年代初，以孟英同志为书记的县委一班人，带领全县干部、群众苦干6个冬夏，建成了121座小型水库。70年代中叶，县委书记李连壁同志带领全县人民鏖战3个春秋，在青龙河上建成一座高18.9米、长340米的拦河坝，开挖一条长67.5公里贯穿全县的引青干渠。现届领导班子把“一渠百库”作为振兴卢龙经济的一宝，提出了分层开发“一渠百库”，建设立体生态农业的总体规划。经过全县人民的共同努力，目前“一渠百库”分层开发已初具规模。扩大以水稻、小麦为主的高效益农田10万亩，彻底结束了卢龙人民常年以白薯为主食的状况。1989年秋后，卢龙县又抓住市委、市政府决定大上引青济秦工程的有利机遇，坚决果断地作出了建设四百户分干渠和燕河、花台、陈官屯3条分干渠的决定。四百户分干渠工程从决策开工到完成通水仅用了不足200天的时间，创造了该县水利史上的奇迹，受到了省、市领导的肯定和赞扬。燕河、花台、陈官屯3条分干渠一期工程已完成工程量的98.8%，二期工程也全面展开。四百户分干渠可扩大水浇地2.9万亩，燕河、花台、陈官屯3条分干渠可扩大水浇地4.1万亩。到明年5月份全县大型水利工程的骨架全部完成后，全县水浇地面积可扩大到28万亩。县政府在9月14日全县农田水利基本建设会上又提出，本届政府任期内，到1992年年底实现全县水利化。即全部完成引青灌区12条分干渠系的配套任务，机井达到4500眼，小高抽达到1200台，改造中低产田38万亩，使农田、果树灌溉面积达到50万亩，占耕地总面积的80.3%。荒山基本实现绿化，森林覆盖率达到40%以上。到那时，全县将出现一个以引青灌渠为骨干、水库机井星罗棋布、防渗渠系配套成网、粮丰林茂各业兴旺的壮观景象，多层次、立体式的现代农业也将初具规模。

二、广大农民群众在民主革命、社会主义革命和建设时期，在党的领导下，迸发出极大的热情，为革命和建设作出了伟大贡献。在实行农村家庭联产承包责任制的新形势下，情况又是怎样的呢？卢龙县分层开发“一渠百库”及修建四百户、燕河、花台、陈官屯分干渠的事实对这个问题作出了明确而肯定的回答。

在开发“一渠百库”过程中，涉及的25个乡镇投入了30多万个劳动日。正在建设中的燕河、花台、陈官屯3条分干渠，到目前投入劳动日达148556个。四百户分干渠是卢龙县近年最大的水利工程，全长29公里，所经之处多是山地和丘陵，地形复杂。整个工程需开挖明渠21.5公里，修各种建筑物159座，其中百米以上的渡槽19座，最长的上荆子渡槽达

517.5米；暗渠、隧洞16处，百米以上隧洞5处。工程规模之大，施工条件之艰巨，为近10年来所罕见。然而主要承担这项艰巨施工任务的是只有8130户、26625口人、12935名男女整半劳力的应各庄乡和刘田庄镇。县委、县政府分析到，在开始实行家庭联产承包责任制时，由于认识上的偏颇和改革措施不完善、不配套，集体经济实力受到严重削弱，自然生态环境逐步恶化，农机作业比重减少，农田水利设施失修，生产条件下降，农业生产受阻。广大农民迫切希望各级党委和政府组织他们联合起来，搞那些一家一户搞不了，又是走出困境所必需的大型农田水利基本建设。县委、县政府因势利导，围绕正确处理国家、集体、个人三者关系这个中心，进行坚持社会主义方向、强化集体主义观念的思想教育，深入农户广泛宣传发动，把党的温暖、县领导的决心，送到人民心里。农民蕴藏的积极性被激发起来。1989年11月5日，应各庄乡段破土动工，投入的施工总人数达到5000多人。11月8日，刘田庄镇的5000多名健儿，浩浩荡荡开入施工现场，李柳河乡、孟柳河乡也先后开始施工。施工现场，万炮轰鸣，硝烟弥漫，千车竞发，万头攒动。工程总指挥县长何进先看到这种壮观景象，忆起了当年大搞水利建设时的动人情景，感慨万千地说："在今天，我们还能组织这样大规模的施工，协同作战，这归功于党的政策的正确性和人民群众的积极性，在人民中间蕴藏着伟大的力量。"县委书记张树仁同志说得好："农民能够组织起来，是农民群众对改变生产条件的强烈愿望这个'原动力'和党的长期教育和正确引导这个'启动器'共同作用的结果。"

卢龙县动员人民群众大搞农田水利建设的实践生动地告诉我们，广大农民一如既往，蕴藏着极大的社会主义积极性，只要我们的党从实际出发敢于和善于领导他们，就能做出造福于人民的伟大的事业。那些对新形势下广大农民的革命积极性抱怀疑态度，认为这也不行、那也办不到的观点是没有根据的。

三、要办成像卢龙县这样大规模的农田水利建设，主观主义的想当然不行，单凭热情、干劲也不行，必须深入实际，调查研究，领导、群众、专家相结合，经过反复论证，作出切合实际的规划和具体实施方案，然后有计划、有步骤地加以贯彻落实。

卢龙县70年代初兴建的121座小型水库和引青干渠，近两年实施的分层开发“一渠百库”资源的规划，以及大搞以引青灌区配套为主体的农田水利基本建设，都是经过详细调查研究，勘测设计，对规划及实施方案经过反复论证之后动工兴建的。保持了治水总体规划的连续性，没有因领导人的变动而改变。近两届领导班子正赶上农村实行大包干责任制，在一些干部思想上出现了急功近利和只顾“本届政府”的偏颇。县委、县政府珍惜前任领导的辛勤劳动成果，在统一全党全民思想认识的前提下，一方面致信全县干部，求计问策；一方面广泛调查研究，征求各方面意见，作出了分层开发“一渠百库”的决定，提出了到1995年的发展目标。即在引青渠两侧和百库周围建设高效益果园、高效益养殖基地，使它形成渠库上侧有林果、渠库下侧有农田、渠库里面有鱼虾的立体致富带、致富圈，到1995年实现总效益1亿元的目标。经过几年有计划、有步骤的实施，“一渠百库”周围呈现出了“百里稻香果满山”的喜人景象。经中科院等20多名专家鉴定，被认定为优质工程，达到国内同类项目的先进水平。

卢龙县之所以接连办成几项大规模的农田水利建设，就是他们老老实实地按科学规律办事，深入实际，调查研究，制定切实可行的规划和实施方案，并扎扎实实地贯彻落实。对于那些单凭热情、不顾实际可能、缺乏科学态度的做法，是不可能办到的。

四、像卢龙县这样宏大的农田水利工程，资金从哪里来？外地和我市各县、区前去参观的同志在现场参观之后，都会不约而同地提出这样的问题。

卢龙县连年搞水利建设需要大量资金，在国家和地方财政十分拮据的情况下，单凭国家投资搞工程是不行的。卢龙县领导同志采取了多层次、多渠道的投资机制，这就是国家（包括市、县）拿出一部分，集体（包括乡、村）拿一部分，农民个人拿一部分（少量集资和劳动积累工），较好地解决了这个问题。财政坚持向水利倾斜，增加对水利的投入。县财政1989年硬拿出150万元，集中用于重点水利工程建设，1990年投入较去年又有较大幅度增加。县政府规定：各级农业发展基金必须按规定收足收齐，专款专用。1989年全县共筹集农业发展基金695万元，90%用于农田水利建设。在资金的投放上改革了过去“先定项目、定投资，后开工”为“先干后补、先贷后补、以奖代补”的方法，吸引了乡、村、群众增加水利投入。工程先由受益单位筹集施工，验收合格后，视工程规模、效益情况给予适当补助。由于采取上述措施，全县水利资金投入年年增加。1986年至1989年累计投入达1881.5万元。从去年冬天至今年7月底，全县对四百户、燕河、花台、陈官屯4条分干渠投资就达1336万元，是投资最多的1989年的1.98倍。其次是用足用活劳动积累工。农民对水利建设的投入，主要是坚持了出劳动积累工的制度。这个县从1986年开始出5万人搞引青主干渠两侧水土保持经济林带建设到现在，各项工程建设都是以农民出劳动积累工实施完成的。去冬今春劳动积累工制度又得到了完善和强化。按工程施工任务需要，用多少工就出多少工，用完当年的就接着下一年的，直至把工程搞完。全县现有男女整半劳力17.6万个，从1989年7月到1990年6月底共出动积累工954.5万个，平均每个劳力出工达16.8个。

事实证明，在农村实行家庭经营体制下，在“一切向钱看”思潮影响下，只要像卢龙县那样眼睛向下，依靠群众，搞宏大的农田水利工程的资金是完全可以解决的。

五、实施像卢龙县这样大的水利工程，必须加强县、乡、村各级的领导。县委、县政府成立工程指挥部，县长挂帅，长期吃住在工地，指挥在现场。县委切实加强施工中的思想政治工作。乡、村干部带领群众大干苦干，身先士卒，党团员以身作则，起模范带头作用。在工地上，干部群众汗流在一起，干群关系水乳交融，不仅胜利地完成了施工任务，而且加强了干群关系、党群关系。

近几年来，每到水利施工的黄金季节，这个县各级领导和各有关部门不分分内分外，一切围绕水利转。计委、物资部门在物资分配中，对农建用材料作出专项安排，切块给农田水利建设。石油、电力、农机、供销等部门也都采取措施，大力支援农田水利建设。去冬今春以来，全县农田水利建设出现了全党动手、全民动员，山、水、林、田、路综合治理，全方位推进之势。县五套班子主要领导同志划分战线，分包工程。从县长到村民小组长，各级干部都坚持战斗在第一线。在四百户分干渠紧张施工的180多个日日夜夜，他们身不离工地，心不离群众，把自己的全部心血都倾注在工地上。在工程进入攻关抢险的紧要关头，县领导和群众吃住在一起，冒着生命危险钻山洞，进渠道，指挥施工抢险。县水利局的两位局长带领技术人员顶风冒雨搞勘察设计，废寝忘食地组织指挥施工。应各庄乡党委书记张志贵不分昼夜地为工程奔波劳累，吃不上一顿应时饭，睡不上一夜安稳觉。在魏家沟5号隧洞攻坚抢险中，他冒着隧洞随时可能塌方的危险，抢着爬到洞里，用手扒土。刘田庄镇镇长郝会阳患有严重的三叉神经痛，痛起来头直往墙上撞，药瓶不离身，可他疼过之后照常上工地。被工地誉为“女强人”的红花峪党支部副书记张玉霞，已到中年，和男劳力一样爬山钻洞，打眼放炮；在浆砌暗渠时，一天干十七八个小时活，家里孩子生病都顾不上照看。广大干部的实干精神，深深地打动了群众的心，许多群众深情地说：“当干部的都肯冒着危险拼死拼活地干，难道我们的命比他们的命更值钱？我们不使真劲对得起谁？”就是这样，我们的干部与群众心贴在一起，汗流在一块，在艰巨的任务、重重的困难面前，发扬了老八路的好传统，重铸了新时期干群关系的骨肉之情，凝聚了广大群众的智慧和力量，谱写了一曲无私奉献的颂歌。

卢龙县委、县政府在大办农田水利建设中，团结和带领广大群众艰苦奋斗，不但取得了丰硕的物质成果，而且创造了宝贵的精神财富。它将在农村经营体制逐步完善的情况下，不断得到发扬光大，推动农村各项事业的蓬勃发展。

1990年11月

（原载1990年第18期《河北顾委通讯》）

青 龙 印 象

最近，我到青龙满族自治县进行调查，听取了县委领导同志的汇报；走访了大杖子村，听取了该村支部书记关于小康村建设和支部建设情况的介绍，并查看了村办的电器、百货商店；还冒雨到该县最大的唐钢下属企业庙沟铁矿，会见了该矿领导同志，了解了生产情况。通过短短两天的调查了解，感到近两年青龙满族自治县面貌开始有了新的变化。

第一，从去年年初市委对该县党政领导班子调整后，解决了青龙多年来领导班子不团结的问题。从县级领导班子做起，不断加强自身建设和党性锻炼，精诚团结，密切合作，廉洁勤政，开拓进取，为全县树立了榜样。县党政班子思想统一，步调一致，劲头扭在了一起，为做好全县工作创造了条件。

第二，在深入分析县情、充分认识自身优势的基础上，明确了“工矿强县，果牧富民，三业主导奔小康”的经济发展路子，并认真按照这个路子狠抓各项工作的落实，使经济工作有了变化。1995 年，全县完成国内生产总值 9.05 亿元（现价），比上年增长 19.1%；工农业总产值 8.8 亿元，增长 29%，其中工业总产值 4.71 亿元，增长 50.7%；乡镇企业总产值 7.5 亿元，增长 63.9%；财政收入 388 万元，增长 42.4%；粮食总产量 13.9 万吨，增长 58.5%；农业人均纯收入 1188 元，增长 57.6%；全社会固定资产投资 1.65 亿元，增长 60.2%；外贸商品出口值达到 5000 万元，增长 25%。由于较好地完成了各项经济指标，在全省 139 个县（市）经济综合排位中，由 1994 年的 133 位进升到 128 位，上升了 5 个位次。今年上半年全县财政收入 1840 万元，其中县级收入 1387.7 万元，分别比去年同期增长 52.1%和 62.3%，占市下达计划的 44.3%和 43.6%。

第三，教育工作取得了突出成绩。为改善办学条件，解决资金不足，县委、县政府作出了《继续大力集资改善办学条件的决定》。县主要领导带头捐款，一部分富裕起来的农民慷慨解囊。县领导带领有关人员跑市进京，争取了不少项目和资金。去年全县教育投资完成 1525 万元，新建、改建校舍面积达3.8万平方米，为400多个村、120多所中小学改善了办学条件。农村教改工作走在了全国的前列，受到了国家和省市教委的好评。

第四，在农村党建和干部队伍建设方面做了大量扎实的工作。一是狠抓农村基层党组织建设，使13个瘫痪支部得到了转化。二是采取统筹安排、分步实施、交叉进行的方法，大胆稳妥地进行了县乡机构改革。重新配备了县直各单位、各乡镇的党政一把手，明确了各单位副职，实行竞争上岗，精简分流人员。到4月底，全县县乡机构改革工作基本完成，全县党政群机关机构由41个减少到24个，人员由1217人精减到578人；撤销9个区公所，乡镇由42个撤并为25个，人员由2023人精减到1219人，全县共精简分流人员804人。机构改革工作得到了省机构改革检查组的充分肯定，并把青龙经验向全省推广。三是抓好全县各级班子成员的选配。他们打破亲情观、地域观和派别观，坚持凭党性看干部，凭政绩用干部，坚持在经济建设主战场培养、选拔、考察和使用干部，去年全县调整了37个乡镇、13个县直部门、10家重点企业领导班子，撤换了20名不称职的党政主要干部，提拔重用了28名年轻干部，共调整支部班子102个。今年以来，他们结合县乡机构改革，按照新的机构设置和要求，又重新配备了县直单位和乡镇党政一把手70名，副职319名，大胆提拔重用工作出色、政绩突出、素质好、潜力大的中青年干部59名。还调整村级班子42个，调整撤换班子成员117人。四是在全县各级干部中开展了学孔繁森、马恩华，做党的好干部活动，县委领导开展了"承包一个小康村，扶持一个贫困村，联系一个亏损企业，引进一个合作项目，改善一所小学办学条件"活动，影响带动了全县各级干部的作风转变。

第五，齐心协力，积极努力做好关系全局的重点工作。一是加大了开放开发力度。除主管领导专抓外，还成立了开放办和旅游局，使对外开放和旅游开发工作取得了一定进展，外资引进实现了零的突破，签订合资项目2个，合同利用外资75万美元，实际利用外资12万美元。二是加快乡镇企业发展步伐。制定了《乡镇目标责任制考核办法》和《工业星级评比标准》；县级领导和企业主管部门负责同志分别包乡镇、包企业、包项目；组织重点乡镇书记、乡镇长，重点企业厂长到无锡等地参观学习；各乡建立了乡企办公室，并制定了考核奖惩办法。由于全县上下对发展乡镇企业有了一定的认识，工作力度也随着认识的不断深化逐步加大，到6月底，全县完成乡镇企业总产值3.436亿元（1990年不变价），比上年增长35.4%；实现利润3442万元，增长66%；上缴税金578.54万元，增长40%；完成固定资产投资3991万元，增长275%。三是信访工作扭转了落后局面。该县信访多在省挂号，去年以来他们坚持归口办理、分级负责的原则，属于哪级解决的就交给哪级负责。充分发挥县信访局的职能作用，联合办公，加强信访案件的查办和督办，并实行错案追究制度。由于他们的努力，一举摘掉了信访大县的帽子，在全市由1994年的倒数第一位进升到第三名，受到了省市领导的肯定。到目前，全县到市访的仅4人次，赴省进京上访的为零。四是狠抓了移民动迁工作。按照省市提出的在5月底之前完成桃林口水库12个村、13000多口人动迁任务的要求，他们在总结1995年移民经验的基础上，加强领导，精心部署，周密安排，抽调105名干部组成工作队，耐心细致地做移民思想工作，奋战52天，于5月23日圆满地完成了动迁任务，提前实现了移民的稳定迁出。

青龙满族自治县各项工作两年来已经有了较大进步，面貌也发生了明显变化。但由于该县底子薄、基础差、困难多，要想彻底扭转后进局面，走上迅速发展的坦途，还需要全县上下埋头苦干两三年，付出艰苦的努力。与其他县区相比，青龙财政还很困难，开放步子还不够快，外资引进还不够多，立县大项目还很少，计划生育工作还比较落后。必须清醒地看到这些问题。好在该县领导班子团结一致，具有较强的凝聚力、战斗力，上下气势盛、干劲足，从本县实际出发，已经制订了近远期发展目标，明确了经济工作的指导思想，并正朝着既定目标在各方面做着大量的工作和艰苦的努力。可以相信，青龙满族自治县只要这样一步一个脚印、扎扎实实地干下去，前景会更加美好，既定目标一定能够早日实现。

（原载1996年第3期《秦皇岛建设》）

工作研究、调查报告

新年度要有新发展

——耀华玻璃厂科学制订年度计划

1 月底，我同市委工业部、研究室同志和秦皇岛耀华玻璃厂的党政负责同志就今年的工作进行了座谈，感到他们从分析客观情况入手，从实际出发，确定今年工作的指导思想和奋斗目标，制订切实可行的措施，这个做法是正确的、可行的。

1985 年，耀华玻璃厂认真贯彻落实党的全国代表大会精神，以提高经济效益为中心，以加强企业管理为重点，大胆进行内部改革，积极开发新产品，大搞技术改造，努力增产增收，使这个老企业充满活力。平板玻璃完成 490.8 万标箱，创历史最高水平；工业总产值首次突破 1 亿元大关，达到 10106 万元；上缴利税实现 4981.2 万元，提前一个月完成国家计划；平板玻璃一级品率、2m/m 比例、优质品率、出口量、引上率、总成品率、煤耗等项经济技术指标居全国同行业第一，平板玻璃质量在连续 6 年蝉联第一、1984 年获国家银质奖的基础上，1985 年再次夺魁。这个厂分别被国家经委、省政府命名为先进企业，思想政治工作获省“优秀企业”的称号。

进入 1986 年，如何更上一层楼，把各方面的工作做得更好，使企业有新的发展，这个厂党政领导班子在对 1985 年的工作进行认真总结的基础上，从实际出发，首先客观地分析了今年玻璃生产的各种有利因素和不利因素。通过分析，他们感到该厂今年生产面临着三大压力：一是主要原燃材料大幅度涨价，严重影响经济效益，预计纯碱、重油、煤等大宗原燃材料的涨价，将使全厂比去年减少利润1100万元；二是浮法生产线建设和其他改建、基建项目任务大，国家要求浮法生产线10月份投产，并要为提高全国的浮法玻璃工艺水平作出贡献，全年工程总投资达6600万元，是该厂历史上从未有过的；三是经营工作压力大，原燃材料供应紧张，烧碱、芒硝、煤还有缺口，压花玻璃、茶色玻璃等出现了滞销局面。这些问题，对今年的玻璃生产和经济效益将带来很大影响。

在看到压力的同时，他们认真地分析了有利的形势和各种积极因素：

（一）全国经济工作会议、全国建材工作会议为今年企业的工作指明了方向，特别是国家对搞活大企业制定了调减调节税、增加技术改造资金、对出口创汇企业实行优惠政策等一系列具体政策，对搞活企业必将产生重大影响；

（二）经过整党，党风和社会风气好转，党员素质有所提高，党组织的战斗力加强，将有力地保证经济工作的完成；

（三）耀华厂由省属企业变为市属企业，既能继续得到总局、省局的行业指导，又能得到市委、市政府的直接领导，玻璃生产是秦皇岛市的优势，市领导及有关部门十分重视，这是生产持续发展的有利条件；

（四）全厂体制改革和干部制度的改革深入健康发展，去年四季度将原来的31个车间划分为8个分厂、1个矿山，精简了厂部机构，实行任命、聘任、聘用相结合的干部制度后，广大干部精神振奋，管理体制逐步理顺、完善，调动了全厂各方面的积极性；

（五）耀华厂有优良的传统，就是全厂职工、干部有革命的志气和能打硬仗的作风，这种宝贵的精神财富，将是完成各项任务的强有力的保证。

耀华厂党政领导清醒地分析了形势，使大家既看到了压力，又看到了各种有利条件，底数清楚了，就能够充分利用各种有利条件，采取有力措施，克服不利因素，把各项工作建立在坚实可靠的基础上。经过反复酝酿，广泛征求意见，制订了切实可行的计划和具体措施，确定了全年工作的指导思想和奋斗目标，即“搞改革、打基础、抓质量、上等级、保浮法、增效益”。

搞改革——坚定不移地把改革摆在首位，以改革为动力推动全面工作；

打基础——下力量抓好全厂生产、管理、技术等各方面的基础工作，为全厂在“七五”后3年的经济起飞，奠定牢固的根基；

抓质量——把质量放在突出的位置上，把生产优质产品作为企业持续追求的目标；

上等级——国家将要根据企业达到的国际、国内和省内同行业先进水平把企业划分为一、二、三级，耀华厂要尽快上等级并向上一等级攀登；

保浮法——确保国家重点工程浮法生产线按期投产；

增效益——工业总产值力争实现10892万元，比上年增长7.8%，力争实现利润4000万元，平板玻璃产量突破500万标箱，把降低消耗、少投入、多产出作为重点工作抓好。

围绕以上总的任务，该厂今年重点抓好六项工作：

一、继续抓好改革与配套工作，不断完善内部体制和干部制度的改革

在去年进行这方面改革的基础上，一是建立健全各项专业管理规程，把各级个人的职责权限划清楚，把办事程序搞明确。二是进一步建立健全经济责任制。在对各分厂实行承包责任制的基础上，对生产经营型分厂，实行分解利润承包责任制；对生产型分厂采取以鼓励优质高产、低耗为主要内容的承包责任制；对辅助型分厂和供销运系统采取以考核工作量完成情况、原燃材料的节约、降低开支、提高管理水平为主要内容的承包责任制。三是制订干部任期目标，逐级审定，监督执行。同时抓好与之相适应的各项改革。

二、挖掘内部潜力，努力实现增产增收

发动全厂职工眼睛向内，算细账，查漏洞，抓关键，实现优质、高产、低消耗，增产增收。

（一）产量上挖潜增收。狠抓关键环节，提高产量，及时收集市场信息，

做好产品结构的调整。

（二）质量上挖潜增收。对已经取得的优质、名牌称号的产品在巩固中抓好提高，今年无碱玻璃球创市优、压花玻璃创省优。

（三）节能降耗上挖潜增收。平板玻璃单位能耗降低 1% 以上。

（四）多种经营上挖潜增收。继续搞好技术咨询，搞好玻璃深加工，巩固扩大横向联合，做好技术转让。

三、全力以赴打好浮法建设硬仗，确保 10 月份按期投产

按照上级要求，集中全厂优势力量，保证浮法生产线的建设。设计人员要深入施工现场，及时解决施工中出现的问题，确保施工高质量；搞好工程衔接，合理组织交叉施工，加快进度；抓好设备安装、调试工作，精心组织，精心安装，积极作好生产准备，抓好人员培训，作好投产所需原燃材料的准备，创造良好的投产条件，力争在年内生产出质量优于洛阳的浮法玻璃。

四、加强和改善企业管理，向管理现代化迈进

加快从单纯的经验管理向科学管理和现代化管理方面转变，把加强和改善企业管理作为全年的工作重点，在“上等级、创先进、全面提高素质”上下功夫。一是加强企业管理的基础工作，修订完善各种定额管理、原始记录、统计、台账、计量和技术标准；二是加强专业管理，使全厂在各项专业管理上创先进；三是积极推行现代化管理方法，在巩固已经应用的全面质量管理、全面经济核算、全面计划管理、目标管理、经济责任制、网络技术、微处理机等七种现代化管理方法和手段的基础上，再迈出新步子；四是搞好民主管理，发挥职代会作用，发动职工开展“当主人、献计策、反浪费、增效益”的活动。

五、加强经销，搞活经营，开拓市场

从思想上、工作上使企业从生产型转到生产经营型上来，转变经营作风，在继续做好“请进来”“走出去”搞好经销的同时，一是加强产品宣传，

拿出一部分经费，充分利用广播、电视、报刊等宣传工具，搞产品广告；二是扩大销售队伍，提高销售人员的业务素质，选拔一批精明强干人员，充实销售岗位，及时收集各地联营网点信息，做好反馈，指导生产；三是销售工作向农村发展，开拓新的市场，促进销售带动生产。

六、抓好党的建设，做好职工的思想政治工作

一是各级领导带头端正党风，力争年内党风根本好转。进一步落实抓党风责任制，认真查处违纪案件，深入进行党性、党风、党纪教育，积极巩固整党成果。从党委、厂部带头抓起，领导干部对照中办五十七号文件指出的六种腐败现象，一个一个地对照检查，边学、边摆、边纠，机关处室作出表率，上半年抓出成效。二是切实做好干部职工的思想政治工作。继续抓好“四有”教育，重点是把去年开展的“优秀党员谈理想，劳动模范谈贡献，青年工人谈纪律，议形势，议政策”的“三谈两议”活动引向深入，在去年典型引路的基础上，发动全厂干部职工讲理想、讲贡献、讲道德、讲纪律，教育全厂干部职工人人爱厂，爱耀华，把耀华厂“艰苦奋斗、严守纪律、能打硬仗、锐意进取”的“耀华精神”发扬光大，从而把理想纪律教育具体化。三是采取有力措施，采取组织轮训、业余学习、实际锻炼、定期考核等多种方法，努力提高干部的政治、业务素质和理论水平，以适应形势发展的需要。四是抓好职工生活，组建生活服务公司，在去年新建和购买53220平方米住宅的基础上，尽快完善职工生活服务设施，积极解除职工后顾之忧，更有效地调动职工的积极性。

1986年3月

巨大而深刻的变化

——关于唐钢解放后四十多年发展情况的调查

国庆40周年前夕，我利用在唐山参加顾委唐秦小组学习的机会，对唐钢进行了调查。唐山解放后，我于1949年7月到唐钢工作，在这里我曾经和唐钢的广大职工共同战斗和生活了20多年。曾经经历过三年国民经济恢复、“一五”计划、“大跃进”、三年自然灾害和“文化大革命”的风风雨雨，和大家分享过顺利发展时的欢乐，也饱尝了“瞎指挥”“浮夸风”和极“左”路线带来的辛酸。

几天来，我由唐钢领导同志陪同，走访了炼铁、炼钢、轧钢、中型、高线等几个分厂、有关车间，看到生产现场、管理部门秩序井然，新的厂房拔地而起，广大职工精神奋发，斗志昂扬，到处是一派热气腾腾的景象。我深深感到，40多年来特别是十一届三中全会以后，唐钢在各个方面都发生了巨大而深刻的变化，像一匹骏马朝着远大目标奋蹄腾飞。

唐钢始建于1943年，当时技术设备落后，企业萧条冷落，生产得不到发展。钢的最高年产量只有1904吨，钢材仅1395吨。到唐山解放前夕，千疮百孔的唐钢又遭到国民党反动派的恣意破坏，企业更加衰败，陷入全面瘫痪状态。解放后，在党和国家的关怀下，英雄的唐钢职工用自己的汗水和智慧，终于使这个旧社会遗留下来的破烂不堪的老企业迅速崛起。经过几十年的扩建、配套、挖潜、改造，由一个年产钢、材仅千余吨的小厂到1988年已发展成为一个拥有职工4.7万名，固定资产原值6.8498亿元，年产钢141.87万吨、商品材坯126.75万吨、铁34.38万吨、焦炭41.03万吨、高铝质耐火材料制品3.6万吨，工业总产值7.3917亿元，实现利税3.5581亿元，并拥有采矿、选矿、烧结、炼焦、炼铁、炼钢、轧钢、耐火材料等生产工艺齐全的大型钢铁企业。与解放前相比，钢产量为解放前最高年产量的745倍，商品材为解放前最高年产量的758倍，固定资产原值为1949年的268.6倍，工业总产值为1949年的404倍，利税为1949年的

4448倍。在国家仅向唐钢投资3.7211亿元的情况下，累计向国家上缴利税21.3184亿元。从1985年开始，连续四年保持了河北省第一利税大户的地位。1987年晋升为国家二级企业，1988年荣获“五一劳动奖状”和全国思想政治工作优秀企业，1987年、1988年连续两年被河北省表彰为“经济效益好，社会贡献大”的企业，成为我国十大钢铁企业之一。

唐钢之所以发生这么大的变化，根据与唐钢领导同志交谈和这次重返唐钢所见所闻，我认为有以下几条主要经验：

一、有一个开拓进取、务实、团结的领导班子

唐钢历届班子，虽身处不同历史发展时期，但都能把振兴企业、为祖国钢铁工业多作贡献作为自己的光荣职责。坚持实事求是的思想路线，依靠广大职工和技术人员，认真贯彻执行党的路线、方针、政策。特别是十一届三中全会以来，新的领导班子坚持“积极稳妥，务求实效”的指导思想，进行企业内部改革，不随大流，不赶时髦，前两年在分配方面，舆论宣传片面强调经营者利益，鼓励领导者多拿、敢拿，但唐钢领导始终坚持既拉开分配档次，不搞平均主义，又不搞过分悬殊，甚至自己应得的那份利益也不要，深受职工的称赞。在去年很多企业大力推行优化劳动组合的情况下，唐钢领导没有盲从，只在个别单位先行试点，保证了在生产建设任务十分繁重的形势下，职工队伍的相对稳定。实行经理负责制，党政领导之间不计较权力的大小、地位的高低，党政工三者做到了职责上分，思想上合；工作上分，目标上合；互相支持，合作共事。经理用权，充分尊重认真听取党委、职代会的意见和建议，做到不失职，不专断；党委积极保证监督，做到不挑剔，不旁观；职代会民主管理不弃权，不发难。为实施好国务院批准的《唐钢改扩建总体规划》，实现唐钢几代人为之奋斗的愿望，几年来，唐钢领导千方百计解决改扩建工程资金严重不足问题，采取高息贷款，以平价钢材集资，发动职工向亲戚朋友借钱等多种方式筹措资金。同时，坚持用生产的高效益促进建设的高速度，每年都自找压力不断向高调整生产经营的奋斗目标，制订“双增双节”具体规划措施，发动职工广泛开展合理化建议活动等，促进了改扩建工程的顺利进行。为加快工程进展，及时

解决工程中出现的问题，领导班子主要成员经常吃住在现场，以忘我的精神，紧张地工作，熬过无数个不眠之夜，牺牲了大量星期天和节假日。

唐钢领导班子始终牢记全心全意为人民服务的宗旨，以共产党员的标准严格要求自己，坚持了“四个不特殊”，一是政治上不特殊。领导班子全体成员坚持民主生活会制度，认真开展批评和自我批评，带头遵守党的民主集中制原则，积极参加所在支部的组织活动。二是生活上不特殊。领导成员坚持不吃小灶，和职工一样在食堂就餐，排队买饭；不用专车接送，和职工一样骑自行车上下班。三是待遇上不特殊。按上级有关规定，公司领导的奖金可以高于职工平均奖的一至二倍，而他们给自己确定的奖金系数总是低于上级的规定，控制在相当于职工的平均水平。1987 年省政府授予唐钢“经济效益好，社会贡献大”荣誉称号，奖励公司领导成员 1 万元奖金，他们没有装入个人腰包，而是用这笔钱买了 1 台大型石英钟，安装在公司门前办公楼大楼上，以增强干部职工的时间观念。今年年初省有关部门根据经营承包合同，提出分别奖励公司党政领导 750 至 1000 元的奖金，他们还是没有要。以高尚的思想情操、无私的奉献精神，赢得广大干部职工的交口称赞。四是在子女就业安置、亲属工作分配等问题上，严格遵守规定，不搞特殊照顾。多年来，唐钢党政领导就是这样在各个方面严格要求自己，以身作则，廉洁自律，为广大干部和职工树立了榜样，成为团结带领广大职工奋力拼搏、勇攀高峰的战斗集体。

二、有一支思想觉悟高、能吃苦耐劳、能打硬仗的职工队伍

唐钢把培养建设一支过硬的职工队伍，作为做好各项工作的基础。根据不同时期的形势和任务，采取各种教育措施，特别是注意用多年来在实践中形成的“自强、奋进、创新、奉献”的唐钢精神培育职工，不断激发广大职工的主人翁责任感，调动了为企业生产建设奋力拼搏的积极性，使唐钢精神不断得到发扬光大，职工队伍素质得到不断提高，成为一支“招之即来，来之能战，战之能胜”的生力军。进入 80 年代，当社会上刮起“比吃穿，比金钱”的攀比风的时候，唐钢职工不为金钱所动，比的是干劲，比的是艰苦奋斗的创业精神，比的是出大力、流大汗的奉献精神。涌

现出像马玉峰那样几十年如一日，不辞劳苦、忘我拼搏；老工人刘国安那样爱厂如家、无私奉献；钢研所轧钢室主任历永弟那样钻研技术、勇于攀登国内外先进水平等一大批先进模范人物，涌现出许许多多在平凡岗位上做出不平凡业绩的“实干家”“老黄牛”和“铁汉子”。一炼铁厂高炉车间冬文礼领导的炉前小组，年年超额完成生产任务，其中高炉利用系数在全国同类行业中连续5年占据榜首，并积极探索班组安全生产的新路子，取得小组连续6年无事故的好成绩，1987年被全国总工会命名为“全国安全生产先进班组”光荣称号，1989年被评为省级劳动模范和全国劳动模范，最近光荣地出席了全国劳动模范、先进工作者表彰大会。参加高炉、高线和矿山重点工程建设的近万名职工，三年来风餐露宿，夜以继日，苦战在工地上，奉献了40万个义务工作日，完成上万个工程项目，不少人轻伤不下火线，不少青年工人主动推迟了婚期，两年多时间完成了三年的工作量，用汗水和智慧完成了各项建设任务。冶金部部长戚元靖、省委书记邢崇智、省长岳岐峰以及省厅、唐山市的领导视察唐钢时说：“唐钢的职工队伍素质好，有一股干四化的艰苦创业和拼搏奉献精神。”唐钢职工以企业和国家主人翁的责任感，关心唐钢和国家的荣辱兴衰。今年1月，为解决资金紧张的困难，全公司职工踊跃参加“爱我唐钢集资活动”，短短10天时间就集资7300万元，超计划4300万元，人均集资1600多元。同时，公司加强了职工文化、技术、业务教育，使职工的文化技术素质有了很大提高。1988年与1981年相比，具有大专以上文化的职工比例由3.5%提高到6.91%，高中（中专）文化的职工的比例由4.29%提高到26.92%，初中文化的职工比例由16.26%提高到52.72%，涌现出一批技术革新能手和工人技师。40多年来，唐钢正是靠这样一支过硬的职工队伍，克服了前进道路上的困难，不断夺取新的胜利。

三、不断加强企业管理，积极探索具有中国特色的社会主义企业管理道路

新中国成立后，党从各条战线为唐钢派入了一批管理干部，他们根据企业性质和具体情况，对旧的企业管理体系进行了初步改造。第一个五年

计划时期，唐钢学习苏联社会主义企业管理方法，实行了计划管理、生产技术管理、经济核算、工资奖励、劳动保护等各项制度，制定产品和原燃材料技术标准和各项规程，建立和健全原始记录、计量、技术监督，加强了企业管理的基础工作。以后又根据我国国情，在企业领导制度上实行了党委领导下的厂长负责制和党委领导下的职工代表大会制；为加强民主管理，实行了领导干部、技术人员和职工群众三结合的管理制度，同时通过社会主义劳动竞赛和对职工群众的思想政治工作，调动了广大职工的积极性，使唐钢企业管理逐步走上了正轨。1958 年开始了“大跃进”，由于违背客观规律，盲目追求高速度，片面追求产量，忽视质量和成本，造成了管理上的严重混乱。在 1961 年开始的国民经济调整中，唐钢认真贯彻“调整、巩固、充实、提高”的八字方针和工业七十条，压缩生产规模，紧缩编制，精减下放职工，把生产管理的指导思想迅速扭转到提高质量、降低消耗、增加品种、讲求效益上来，恢复和健全了各项管理制度，使企业管理很快出现了新的局面。在接踵而来的十年“文革”中，企业管理又一次受到严重破坏，企业正常生产秩序被打乱，劳动生产率下降，成本上升，效益减少，但由于唐钢广大职工努力排除极“左”路线的干扰和影响，坚持执行企业管理的各项基本制度，使生产建设仍然保持了发展的趋势。1975 年邓小平同志主持中央工作期间，唐钢抓住有利时机及时对企业管理进行了初步整顿。粉碎“四人帮”，特别是十一届三中全会以来，唐钢认真总结几十年企业管理的正反两方面的经验，虚心学习各种现代化管理理论和兄弟单位的管理经验，根据各直属单位不同情况，分别实行了吨钢工资含量、吨材工资含量、“五包一奖”（包供应、包料价、包资金占用、包收入、包费用）、百元产值奖金含量包干、百元产值工资含量包干、吨矿工资含量包干等多种形式的承包责任制。有针对性地实行了超产奖、节能奖、创优承包奖、贡献奖、大修工期提前奖等专项奖励办法。还制定和实行了内部浮动升级办法。在认真实行厂长（经理）负责制中，对领导体制、干部制度、内部分配、用工制度、机构设置、民主管理、横向联合等诸方面进行了积极稳妥的配套改革，有力地推动了企业生产建设的发展。

从 1979 年开始，唐钢开始推行武钢全面质量管理，到目前，全公司 QC 小组达到 615 个，累计创出质量管理成果 2128 项，实现经济效益 9885 万元。此外，他们全面推行了方针目标管理，通过方针目标的分解、展开，逐步建立健全了自上而下的目标保证体系。从 1985 年以来，共获得现代化管理成果 251 项，其中省市级成果 95 项。

由于唐钢确立了以提高经济效益为中心的指导思想，逐步建立健全了各种形式的经济承包责任制，全面推行了方针目标管理，建立了自上而下的目标保证体系，逐步完善企业的经营机制，致力于建立以“人为中心”的企业管理模式，全面提高了企业的素质。1986 年被评为省级先进企业，1987 年被晋升为国家二级企业，1988 年各项指标及各项管理工作全面达到了国家一级企业的标准，1989 年已被列入国家一级企业预评单位。

四、坚持走挖潜革新改造道路，不断推进老企业的技术进步

早在 50 年代，唐钢就采用碱性转炉炼钢生产，并创造了“双联炼钢”新工艺，为新中国钢铁工业发展作出了贡献。在第一个五年计划时期，在侧吹碱性转炉炼钢的基础上，又成功地进行了富氧炼钢，并在轧钢生产上进行正反围盘和输送辊道、负公差轧制等技术革新。经过扩建和改造，耐火材料生产也由手工型改为机械成型，由黏土砖生产试制高铝砖并正式投入生产。这些革新不仅改变了工人笨重的体力劳动条件，而且大幅提高了生产、技术水平。1958 年至 1960 年，在省、市委领导的指挥和各行各业的全力支援下，相继建成炼铁车间 3 座 100 立方米的高炉，年产 40 万吨的第二炼钢车间，年产 40 万吨中型材（坯）的轧钢车间，年产 15 万吨钢坯的开坯车间，年产 4 万吨的线材车间，年产 720 吨的铁合金车间。使主要生产车间由新中国成立初期的 4 个增加到 12 个，基本形成年产 80 万吨钢的生产能力，并为向年产钢百万吨以上的大型钢铁企业发展打下了基础。但当时由于建设项目多，任务重，时间紧，盲目追求高速度，违背客观规律，生产中片面追求产量，忽视产品质量和成本，管理混乱，致使唐钢“大跃进”4 年连续亏损 1.95 亿元，出现了缺铁、无焦和锭、材不平衡问题。十年“文革”期间，唐钢广大职工坚持走挖潜、革新、改造、扩建的道路，

把二炼钢厂原来8吨侧吹转炉，改造成30吨全氧顶吹转炉，设计能力由过去年产40万吨提高到90万吨；中型轧钢厂将630机列改为650机列，550机列改为630机列；为改变唐钢无矿少铁的局面，年采选能力30万吨的张庄铁矿和年采选能力150万吨的石人沟铁矿先后建成投产。十一届三中全会以后，唐钢多方筹集资金，大力进行技术改造，逐步完善工艺配套，努力提高技术装备水平。一是改造不合理的生产结构，增加钢材生产能力，扩大品种和延伸产品，提高经济效益。先后建成了年产4万吨的小型轧钢厂，年产2万吨的线材厂，年产7万吨热轧带钢和2万吨高频焊管的带钢厂，使唐钢实现了粗钢产量与轧机能力基本平衡。二是淘汰了落后的工艺，节约了能源，降低了原燃料消耗，提高了经济效益。实施了一炼铁厂铁水热供一炼钢厂的工程，摒弃了连续20多年的化铁炼钢的陈旧工艺，使“六五”期间节约焦炭18.07万吨，增利2168万元。三是坚持企业经济效益与社会效益并重，向提高产品质量和研制开发新品种要效益。1978年至1988年，共创优质产品17项，其中国优银牌2项、部优6项、省优9项。试制新产品24项，其中29U、36U矿用支撑钢填补了国内空白。1988年产品的双标率已提高到65.97%，优质产品产量占总产量的83.99%，居国内普钢企业领先地位。四是认真组织实施国务院批准的以实现铁、钢生产能力配套为核心的“七五”发展规划。目前二炼一期连铸、棒磨山铁矿、麦尔兹窑、炼焦制气、炼铁厂24平方米烧结机和带钢厂的改造、钢渣处理工程等项目先后投产，并已开始发挥效益。扩建炼铁一期工程、高速线材工程、二炼二期连铸、耐火等重点基建技改项目，也都将于今年陆续竣工投入试生产，唐钢“七五”改扩建规划将提前一年实现。这些项目建成后，唐钢将形成矿、焦、铁、钢、材生产配套，年产钢、材各150万吨的能力，为唐钢今后的发展奠定坚实的基础。

五、充分发挥党组织的政治优势，为企业发展提供强有力的政治思想保证和精神动力

长期以来，唐钢始终坚持两个文明一起抓的指导方针，特别是在改革开放的新形势下，把发挥党组织的政治优势，作为工业沿着正确方向发展

振兴的根本保证，从多方面开展工作。第一，大力抓好党的建设。针对党政分开的新情况，唐钢党委坚持把党的建设摆在重要位置，经常分析工作状况，研究在新形势下加强党的建设的方法和途径。下力量狠抓了党的制度建设，形成了一个办法（贯彻三个条例实施办法）、四个细则（直属党组织、基层支部、党员管理、发展党员工作细则）和党内监督、选举、汇报、生活会等15项具体制度，使党的建设做到了有章可循。第二，狠抓党风建设，不断促进党风好转。党委坚持定期分析讲评党风，半年进行一次抽查，年终进行一次联查，并加强经常性调查研究，及时发现和解决存在问题。先后制定了关于加强党内监督、保持廉洁等各项具体规定，还通过信访、建立举报中心等途径加强党外监督。认真处理违纪案件，近几年公司党委先后受理案件112起，对61名违纪党员给予了党纪处分，促进了党风的好转，全公司不断涌现拒收钱物、自觉抵制不正之风的好人好事。党风建设先后受到冶金部、河北省冶金厅党组和唐山市委的充分肯定和好评。第三，加强基层党支部建设，充分发挥基层战斗堡垒作用。经常通过培训班提高支部书记的政治理论水平和业务能力，并注意结合具体工作情况，随时解决支部工作中出现的问题。坚持开展了“创建先进党支部”活动，注意从完善制度上加强支部建设，使各基层党支部较好地发挥了战斗堡垒作用。第四，下力量加强党员的教育和管理，充分发挥其先锋模范作用。坚持不懈对党员进行了以党的十一届三中全会以来的路线、方针、政策为主要内容的系统教育和经常性的党性、党风、党纪、党的基本知识教育。结合生产建设、工作实际，广泛开展了“党员责任区”“党员身边无亏产、无违纪、无事故”“党员安全生产十在先”等活动。坚持实行了半年一次党员鉴定制度，使广大党员较好地发挥了先锋模范作用。第五，把加强思想政治工作作为党的工作的一项重要内容来抓。唐钢党委始终坚持党抓思想政治工作的优良传统，即使最近几年，唐钢党委也没有放松党的思想政治工作。一是坚持不懈地对干部职工进行马克思列宁主义、毛泽东思想基本理论教育，进行党的路线、方针、政策、理想、道德、法制、纪律等各种教育，从根本上提高了广大干部职工的政治理论水平和思想道德素质。几年来，涌现出大批“四有”职工和先进生产工作者，其中有150多人次获市级以上先进称号。二是针对不同时期，适时地对职工进行形势任务教育，开展有针对性的思想政治工作，始终保持了职工思想统一，步调一致。公司各级党组织旗帜鲜明地向广大职工宣传党中央的正确决策，及时把职工思想统一到中央精神上来，保持了唐钢生产秩序稳定，对稳定唐山局势起到了重要作用，受到冶金部和省市领导的表扬。三是结合生产建设开展思想政治工作。定期宣传生产建设形势，鼓舞职工斗志，坚定完成任务的信心。同时，通过多种形式的竞赛、评比、宣传报道等，激发职工的生产建设热情，有力地发挥了思想政治工作的服务和保证作用，促进了生产建设任务的完成。四是努力抓好政工队伍建设。公司建立起了以专职政工干部为主、兼职政工队伍为辅的辐射型网络系统。全公司有近6000人的班组四长（班组长、党小组长、工会小组长、团小组长）队伍，有近3000人的班组政治宣传员、通讯报道员、党课教员、纪检通讯员、思想信息员队伍。同时，积极推行行政干部“一岗两责”制度，形成了党政工团密切配合、齐抓共管的良好局面，充分发挥了党政工团各方面的作用，使党的建设工作取得了显著成绩。近几年，全公司涌现出优秀党员1911名。1986年与1987年连续两年公司被命名为省思想政治工作优秀企业，1988年公司党委分别被市委和省委命名为“先进基层党组织”。1989年被市委继续命名为“先进基层党组织”；最近公司党委书记袁瑞新被评为全国优秀党务工作者，并光荣地出席了全国先进基层党组织和优秀党务工作者表彰大会。

唐钢40多年来两个文明建设取得了辉煌成就，我作为一名在唐钢工作过的老同志，感到由衷的高兴，坚信它将为祖国钢铁工业的发展不断作出新的贡献。

1989年9月

（原载1989年第17期《河北顾委通讯》）

重返邯钢的报告

去年10月在石家庄参加省委扩大会议期间，邯郸市委副书记王建忠、邯钢总厂厂长刘汉章同志向我介绍了邯钢最近几年的巨大变化和当前的大好形势，我听了以后感到十分振奋。他们约我在适当的时候到邯钢看看，我当即欣然同意了。对于邯钢和邯钢的广大职工，我是怀有深厚感情的。

我是在“文革”后期（1974年）调到邯钢工作的，在这里我曾经和邯钢的广大职工共同战斗和生活了7个年头。曾经经历过“批林批孔”“反击右倾翻案风”的风风雨雨，也和大家分享过粉碎“四人帮”的欢乐。在经过深入揭批“四人帮”、平反冤假错案、落实政策、清查工作之后，按照党的十一届三中全会精神，在实现工作重点转移中，邯钢开始迈出了新的步伐。1981年年底，因工作需要，我调离了邯钢。

3月下旬的冀南，正是桃红柳绿、春意盎然的美好季节，我终于回到了邯钢。几天来，由领导同志陪同，走访了烧结、焦化、炼铁、炼钢、轧钢、机修、动力等各个分厂、有关处室和生活区，看到生产现场、管理部门秩序井然，新的厂房、楼房、医院、俱乐部拔地而起，广大职工精神奋发，斗志昂扬，十里钢城到处是一派热气腾腾的景象，我深深感到，几年来邯钢在各个方面都发生了深刻的变化，邯钢开始起飞了。

邯钢是一个在新中国成立后于1958年建成投产的新兴钢铁厂。建厂初期只能生产生铁，经过逐年扩建、配套、挖潜、改造，才发展成了一个具有炼焦、烧结、炼铁、炼钢、轧钢等综合生产能力的中型钢铁联合企业。28年来，邯钢走过了曲折坎坷的历程。前20年（1958—1977年）中，曾有17年亏损，特别是由于十年“文革”的影响，造成1967年至1977年连续11年亏损。粉碎“四人帮”以后，经过恢复性整顿，1978年扭亏为盈，1979年继续盈利。在党的十一届三中全会以来的路线、方针、政策的指引下，邯钢的生产经营工作逐步走上了健康发展的轨道，取得了经济效益持续、稳定、大幅度增长的成果。在1981年至1985年的“六五”期间，该厂的工业总产值年平均递增速度为11.1%；净产值的年平均递增速度为29.4%；实现利润的年平均递增速度为20.4%；上缴利税的年平均递增速度为28.8%；优质产品率由8%上升到65%；吨钢可比能耗由1.793吨标准煤降到了1.068吨标准煤；5年实现的利润税金总额达到50422万元，就是说，5年创造了一个中型钢铁联合企业。其年利税额在全国54个省属冶金企业中居于领先地位。1985年，邯钢被评为全国“冶金工业先进企业”。

是什么原因使得邯钢在这么短时间内发生如此巨变呢？回顾我在邯钢工作的日月，加上这次重返邯钢的亲身感受，在以下几个方面留下了比较深刻的印象：

一、认真贯彻落实党的十一届三中全会精神，加强思想政治工作，巩固和发展安定的政治局面，为邯钢的发展和起飞创造必要的条件

在十年“文革”期间，邯钢是个“重灾户”。70年代初，邯钢一度成为全省闻名的“老大难”，职工队伍、企业管理、生产设备受到严重损害和破坏，处于半停产状态，最乱时，偌大的一个中型钢铁厂，一天只生产几十吨铁，濒临全面停产的边缘。1973年和1974年，一批老干部恢复工作后被调到邯钢，分别担任了总厂、分厂的领导职务。他们顶着极“左”思潮的压力，排除厂内“造反派”的干扰，着手抓了党的干部政策、知识分子政策的落实，从加强思想政治工作入手，着重抓了消除派性、增强团结、恢复正常的生产秩序等工作，从抓大案要案打击流氓盗窃犯罪入手，处理了一部分造反起家的打砸抢分子。特别是1975年至1977年，取得了生产连续三年增长的形势。但是，在当时的政治形势下，没有也不可能从根本上消除“文革”在邯钢的影响。直到粉碎“四人帮”以后，充分发动群众开展了揭批查运动，大力平反冤假错案，落实党的干部政策、知识分子政策，对生产经营工作进行了整顿，取得了1978年扭亏为盈的成果。

党的十一届三中全会以后，邯钢于1979年年初取消了“革委会”建制，改行“党委领导下的厂长负责制”。总厂的党政领导成员作了较大调整，

为开创邯钢生产建设的新局面，提供了组织保证。但就在这时，极少数“文革”中的活跃分子，又“派性”发作，趁总厂领导班子调整之机，秘密串连，抛出了把矛头指向党的领导、分裂干部和职工队伍、干扰和破坏邯钢大好形势的大字报。对此，邯钢党委及时地亮明了态度，对当事人进行严肃的批评教育，并发动广大职工以消除资产阶级派性和无政府主义为题进行了讨论，澄清了思想，提高了认识，从而排除了干扰，稳定了局势。与此同时，邯钢党委按照党的十一届三中全会精神，善始善终地抓了揭批查运动和清理“三种人”工作，进一步狠抓了冤假错案的平反和党的各项政策的落实，巩固和发展了安定团结的政治局面，为实现工作重点的转移和企业的持续发展创造了必不可少的条件。

二、集中力量，有重点地进行设备的配套、挖潜和技术改造，推进技术进步，为提高经济效益打下坚实的基础

从 1979 年开始，邯钢由以外延扩大再生产转向了以内涵为主扩大再生产。当时的情况是，到 1978 年年底，国家已累计投资 3.55 亿元。年设计生产能力已初具规模，但设备不配套问题很突出，生产能力不平衡。铁、钢、钢材“两头大，中间小”，1978 年生铁产量达到 60 万吨，但钢只有 27 万吨，钢材产量仅 17.9 万吨，设计能力不能充分发挥，产品结构不合理，产品质量、物质消耗等技术指标落后，经济效益很低。针对这种状况，邯钢确定了三个技术改造重点：一是抓设备配套改造，形成综合生产能力，挖掘现有设备潜力，使其达到或超过设计能力；二是调整产品结构，提高钢的生产能力，扩大钢材品种，提高综合经济效益；三是大搞技术革新，采用新技术、新工艺，提高产品质量，节约能源，降低消耗。几年来，取得了可喜的成果：

在炼钢系统，将两座 6 吨空气侧吹转炉改成了 8 吨氧气顶吹转炉，取得了产量增加、质量提高、消耗和成本降低的综合效果。完成了较大的节能项目 8 吨转炉铁水热装工程，与 20 吨转炉配套建成了引进国外先进技术，由国内自行设计、自制设备并施工安装的一机四流小方坯连铸机，提

高了轧钢成材率，降低了能源消耗，提高了钢材质量，在实现钢水成型工序的机械化、自动化和改善劳动条件方面大大前进了一步。为解决炼钢的生产能力与炼铁、轧钢不平衡的问题，建成一台 6000 立方米 / 时制氧机。由于采取上述措施，使年钢产量由 1979 年的 31.3 万吨，提高到了 1985 年的 74.7 万吨，5 年翻了一番还多。

在轧钢系统，将陈旧破损的 300 小型轧机改造成了 400 小型轧机；于 1980 年建成了一套 400/250 小型轧机和一套复二重式线材轧机，正在建设从国外引进的高速线材轧机。为提高钢材和钢坯质量，节约燃料消耗，分别对 400 小型、500 中型、650 中型、中板和 400/250 小型等轧机后部精整工序和加热炉进行了一系列的配套和改造。经过改造，全厂商品坯材的产量由 1979 年的 36.3 万吨提高到了 1985 年的 66.8 万吨，接近翻了一番，全厂综合成材率由 81.72% 提高到了 86.58%，钢材合格率由 95% 提高到了 98.35%，吨材油耗由 114 公斤降到了 58.7 公斤，钢材在商品坯材总量中占的比重由 33% 上升到了 71.7%，吨材利润有了较大幅度的提高。

在炼铁系统，结合大修先后将两座 255 立方米高炉扩大成了 294 立方米高炉，加大了高炉和烧结机的风机能力，使高炉利用系数由 1.699 达到了 2.0；围绕降低入炉焦比这个主攻目标，先后采取了增建热风炉并使用陶瓷燃烧器，建成了二系列喷吹煤粉设施，三座高炉的入炉烧结矿槽下过筛，烧结配吃白灰，配吃钢渣，生产高碱度烧结矿等一系列提高风温、提高喷吹煤粉量及精料措施，使入炉焦比由 1979 年的 646 公斤降低到了 510 公斤。

此外，围绕搞好煤气的综合利用和全厂煤气的综合平衡，先后建成了 2 万立方米、10 万立方米煤气柜，采取了 3 号焦炉改烧高炉煤气，烧结厂改烧混合煤气等技术措施，在保证厂内正常生产的同时，取得了恢复化肥厂正常生产、转亏为盈的成果。

邯钢从 1979 年到 1985 年共筹集技术改造资金 23208 万元，实际完成的投资额为 16087 万元。共完成 10 万元以上的项目 74 个，其中 100 万元以上的 17 个，50 万至 100 万元的 16 个，据粗略测算，近年来在全部增利额中，通过技术改造而增加的利润约占 60% 至 70%。

邯钢在利用有限的资金、有重点地进行技术改造的同时，还本着少花钱多办事的原则，以创优、节能、降耗、增利为重点，开展了群众性的“双革”活动，有组织地进行了技术攻关。1984年组织了轧钢成材率、节能、化肥厂恢复生产等6个攻关组；1985年又组织了炼铁、烧结、炼钢、创优质产品和提高成材率、节约能源及化肥设备配套5个攻关组。每个攻关组都有总厂领导分工负责，由分厂、处室的领导同志及有关工程技术人员参加，狠抓攻关目标、攻关计划、攻关措施三落实，均取得了明显效果。

邯钢的实践说明，进行技术改造，组织科研技术攻关，是提高企业经济效益的重要措施。

三、从整顿健全基础工作入手，改进和加强企业管理，有步骤地推行现代化管理方法，提高企业的管理水平，为提高经济效益创造有利条件

邯钢十分重视在进行技术改造推进技术进步的同时，整顿和加强企业管理。近几年他们主要抓了以下几个环节：

（一）结合企业的全面整顿，认真加强了企业管理基础工作。早在1980年邯钢就以整顿修订原燃材料技术条件，主要产品的技术标准，技术操作规程，设备的维护、使用规程，安全生产规程，健全质量、安全负责制和计量工作为重点做了大量的工作。1982年以后，邯钢又先后进行了5项整顿，开展了搞好“三项建设”、创建“六好企业”的工作。1985年，又开展了创建“高标准六好企业”活动。到目前为止，全厂基本做到了“四健全”：第一是健全了计量、检测工具。1985年3月、10月，先后经省、市计量局和国家计量评审组的严格检查，以95.2分的成绩达到国家一级计量单位。计量工作的完善，为经营管理打下了坚实的基础。第二是健全、完善了原始记录统计分析。目前全厂1022个岗位的1201种原始记录、501种报表、344种台账都在生产经营中发挥了应有的作用。第三是结合完善岗位责任制健全了各种定额，包括常用的原燃料的储备、资金、消耗定额；原燃料厂内计划价格；辅料储备定额和个人工具消耗定额。第四是

健全了各项规程，其中包括技术操作规程，设备的维护、操作、检修规程和安全生产规程。

（二）从实际出发，有步骤地推行现代化管理方法和手段。近年来，邯钢有重点地推行了全面计划管理、全面质量管理、全面经济核算，厂属各单位根据工作需要分别推行了方针目标管理、网络计划技术、价值工程、ABC 分析法、企业咨询诊断等 10 多种现代化管理方法，微型电子计算机在生产控制、企业管理上得到不同程度的应用。

（三）加强人才培养，提高干部职工素质。企业管理现代化，人才是核心。邯钢总厂厂长刘汉章参加全国第一批统考培训后，立即于 1984 年下半年筹备并请示国家经委批准，自办了参加全国统考的厂矿长培训班，迄今已毕业 3 批，累计培训分厂、处室以及科段负责人 300 名，参加全国统考及格率 100%。今年 3 月份以来，参加全国第五批统考的培训班又已开学，学员 150 名。有相当一部分接受了培训的厂处长，在实际工作中特别是推行现代化管理中发挥了积极的作用。同时，邯钢还利用电大、函大、夜大、短训班、技校、专业技术讲座等多种形式广泛开展了职工的文化、业务、技术培训工作，使全厂职工的文化技术、业务素质有了一定程度的提高。

（四）邯钢从指导思想、管理机构、管理方法等方面实行了经营管理从生产型向生产经营型直至经营开拓型的转变，纠正了以往重生产、轻经营的倾向，坚持了供、产、销、运、收一起抓，成立了经济信息研究中心，加强了市场调查、市场预测，注意了横向联系。特别是针对多年来钢供不应求、轧钢原料不足的问题，千方百计地抓了“找米下锅”的问题。1985 年该厂共与 180 多家用户签订了 10 万多吨的带料加工合同，增加产值 4000 万元，增加利润 1650 万元。

四、解放思想，深入进行分配制度的改革，不断完善内部经济责任制，为提高经济效益增添内在的动力

中共中央关于经济体制改革的决定指出，增强企业的活力，主要应该解决好两个方面的关系问题，即确立国家和全民所有制企业之间的正确关

系，确立职工和企业之间的正确关系，打破企业吃国家“大锅饭”、职工吃企业“大锅饭”的局面。邯钢的生产经营状况从根本上出现转机，应追溯到1980年，那时，虽然全国性的城市改革还没有展开，但是，国务院批准了河北省直属冶金系统实行全行业利润包干的改革方案，随之产生了省冶金厅对邯钢的五年上缴利润递增包干方案，规定邯钢从1980年到1984年上缴利润1.35亿元，超收部分全部自留，按8∶1∶1的比例用于生产发展、职工福利和职工奖励，从而打破了“盈利统统上交，亏损由国家补贴”的统收统支局面，给邯钢带来了压力，增添了动力，注入了活力，第一年即1980年利润包干任务是2000万元，是包干前一年至1979年实现利润的两倍。邯钢总厂在全厂职工代表大会上作了专题报告，提出了年盈利3000万元的增盈目标，并将其分解下达到了各分厂、单位，结果实际盈利3501万元。紧接着，邯钢又在1981年克服原燃料涨价因素和缺水、限电等严重困难，取得了年盈利3700万元的成果。1982年提出了利润5000万元的奋斗目标，总厂与当时的16个生产单位签订了“增产增收双联计酬责任协定书”，把包保指标落实到人，共在17个分厂、单位，34个处室，1565个岗位建立了36026条基本职责，明确了3112条协作关系，并随之制定了奖励办法，初步解决了分厂、处室吃总厂“大锅饭”的局面，促进了生产经营工作的开展，取得了年盈利4958万元的成果。1983年，他们又对奖励办法作了新的改进，从而使厂属各单位和全厂职工的积极性得到了进一步发挥，当年取得了盈利7192万元的新成果。1984年，邯钢按照全（全面）、高（高标准）、时（时限要求）、协（协作关系）、核（考核）原则，制定了全厂32个专业经济责任制，其中包括工作标准3149条，责任4783条，程序2808条，协作关系1515条，考核标准2912条，共约108万字，使专业管理进一步趋于指标化、制度化、规范化、科学化，调动了各级各类人员的积极性。1984年的利润总额一举突破亿元大关，达到了10036万元，相当于包干前1979年的9.5倍。在超额完成上缴利润包干任务的情况下，留用一部分生产发展基金和职工福利基金，为企业挖潜改造提供了有利的资金条件，增强了企业自我发展的能力，改善了职工的文化、福利生活，从而进一步调动了广大职工的积极性。

1985 年“利润包干”结束，改行“利改税”以后，邯钢进一步认识了加强企业内部改革的必要性。首先，进一步抓了分配制度的改革，在全厂推行了 14 种经济承包责任制。其次，抓了总厂内部的简政放权，为使分厂领导做到有职、有责、有权，调动分厂、单位经营管理的积极性，本着“在大的方面管住管好，小的方面放开搞活”的原则，在 1984 年放权的基础上，1985 年又给分厂下放了部分权力，包括：管理机构设置权、干部任免权、工资奖金福利基金使用权、对职工的奖惩权、工种变更权、部分三类物资采购权、职工宿舍分配权等，从而增强了分厂的活力，提高了工作效率，促进了生产经营工作的开展。由于全厂上下密切配合和广大职工的共同努力，在原料、燃料、辅料、耐火材料和铁路运费等涨价、税率调整等不利因素下，实现利润 8848 万元，利税总额达到 1.49 亿元，比 1984 年增长了 13%，在全国 54 个省属冶金企业中继续保持领先地位。

五、加强领导班子建设，改革领导体制，坚持两个文明一起抓，为邯钢的发展提供根本的保证

在上级党委的直接领导下，邯钢的领导班子建设得到了不断加强，在革命化、年轻化、知识化、专业化的方向上前进了一步。除总厂党政领导成员在年龄结构和知识结构上发生较大变化外，厂属 22 个分厂、单位的 114 名行政领导，平均年龄降到了 45 岁，具有大中专文化程度的占 69.3%，有技术职称的占 41.2%。由于总厂、分厂两级领导成员素质发生了变化，为贯彻党的方针、政策，改善经营状况，提高经济效益，提供了根本保证。特别是总厂具有一个熟悉业务、艰苦努力、紧密团结的领导班子，尤其具有重要的意义。

邯钢从 1984 年 6 月份开始，陆续在总厂和下属的 22 个分厂、单位实行了厂（矿、院、队）长负责制。在行政领导上，健全了厂长领导下的 5 个指挥和管理系统：经营管理系统、技术改造系统、生产指挥系统、生活福利管理系统和教育工作系统以及技术管理和技术开发系统，各系统按照

有效管理幅度的原则，各司其职，各负其责，使各项工作得以有计划、有节奏地进行。

企业领导体制和领导制度的改革，给企业增添了活力。做到了“三加强”，即加强了厂长对生产行政工作的统一领导和指挥，加强了党委对思想政治工作的领导和对生产行政工作的保证监督，加强了工会在健全职代会制、推进企业民主管理中的作用。协调了各方面的关系，调动了各方面的积极性，促进了经济效益持续稳定的增长，促进了两个文明建设的开展。

1986 年 4 月

海港区乡镇企业的新发展

海港区属秦皇岛市辖区，是全市政治、经济、文化的中心。全区所辖5个乡、64个村（15200户）环抱在市区周围。几年来，他们充分利用靠近城市的地理优势，坚持从城郊经济特点和本区实际出发，大胆探索发展城郊经济的新路子，推动了全区乡镇企业的不断发展，初步形成了有商业服务、临港仓储、交通运输、建筑建材、轻纺化工、玻璃加工、机械电子等门类比较齐全的骨干行业群体，出现一批生产啤酒、电视机等名优产品和双壁管等高技术的企业。1988年，全区乡镇企业总收入完成27835万元，占农村经济总收入的80%，比上年增长62%；总产值完成20476万元，比上年增长85.1%；利润完成2877.6万元，比上年增长110.8%；税金完成1305万元，比上年增长86.2%，实现了速度和效益的同步增长。各项指标增长速度在全市处于领先地位，并涌现出一个总收入超过亿元的乡。

他们之所以取得这样大的成绩，主要有以下经验和做法：

一、明确方向，积极引导

该区乡镇企业是在自然经济基础上搞起来的，还受着小农经济思想束缚，与发展社会主义商品经济的要求还存在一定的差距。经过几年的实践，他们逐渐认清了社情和区情，思想观念开始从自然经济向商品经济方面转化。在不放松农业特别是粮食生产的前提下，确立了“一手抓发展，一手抓提高，外延扩大再生产与内涵扩大再生产并重”的发展乡镇企业指导方针。区委、区政府领导同志和有关部门负责同志把发展乡镇企业作为经济工作的重点来抓，经常深入乡镇企业调查研究，解决实际问题。对开发引进新项目，组织有关部门逐个进行可行性研究，减少了盲目性，基本做到了上一个成一个。在企业发展方向上，区委、区政府积极引导各乡、村发挥地理优势，发展为城市服务、具有竞争力产品的企业，使乡镇企业得到了稳步发展。企业总数由上年的1802个发展到2064个，从业人数由上年的 15702 人发展到 18728 人，占劳力总数的 72%。

二、横向联合，引进开发

为了适应横联工作的需要，全区有25个村成立了各类实业公司。区、乡、村各级领导把联合开发列入了工作的议事日程，主要领导亲自挂帅抓考察，抓立项。他们利用资金、劳力比较充裕的有利条件，与 10 多个省市国营、军工企业，外贸部门和大专院校进行了多形式、多层次、多渠道的联合。一是建立以大企业为依托的生产经营联合体；二是实行“三来一补”加工协作；三是以名优产品为依托，发展联合生产；四是与港商联合，发展出口创汇产品。去年年底，全区横联项目达到 28 个，引进资金 2100 万元，引进设备折款 105 万元。在联合中他们既注重了横联项目的规模和水平，又注重了当前的经济效益和长远的发展，做到了起点高，见效快，后劲大。同承德军工企业达成的联办马坊乡鞋厂、铁庄人造皮毛厂、山东堡服装厂 3 个项目的投资额都达到 1000 万元以上。铁庄乡与北京东风电视机厂联营的电视机厂和与北京、香港联营的乳胶手套厂正式投产后，产值可分别达到 4800 万元和 4000 万元。

三、重视人才培养和引进

几年的实践使他们认识到，企业的竞争就是人才的竞争。乡镇企业要想在竞争中立于不败之地，必须下决心解决人才问题，搞好人才的培养和引进。他们立足本地人才资源，把培养人才放在首位，把引进人才作为补充。培养出了像杨文生、邵启华那样有胆有识、有改革创新精神的农民企业家。杨文生领导的西盐务村去年总收入达到 3496.3 万元，比上年增长 73.4%；实现利税 580.8 万元，比上年增长 154%；人均生活水平达到 1438 元。邵启华领导的邵岭村，实现了人均收入、人均积累、人均储蓄、户均纳税四个超万元。该区从社会和企业内部选送 17 名青年到大专院校学习，现已毕业安置了 10 人。对现有企业专业技术人员和管理人员进行了分期分批培训，去年区、乡、村、企业四级共培训各类人员 2170 人次，占从业人员总数的 11.6%。做到了重点岗位重点培训，新上企业岗前培训，专业性强的岗位业务主管部门与企业共同培训，使职工队伍素质有了明显提高。有 65 人获得了专业技术证书，有 189 人被评聘为各种专业技术职务。他们在加强当地人才培养的同时，还十分注重人才的引进。去年全区乡镇企业通过聘请和调入各类人才 76 名，其中高级技术人员占 23.7%。由于他们对引进人才政治上关心，经济上优惠，工作上支持，生活上照顾，使引进的人才都在各自岗位上发挥了应有的作用。

四、适应市场的需要，及时调整产业结构和产品结构

过去该区发展乡镇企业起步晚、起点低，偏重发展了第三产业，忽视了第二产业，使乡镇企业在市场激烈竞争中缺乏实力和后劲。为了改变这种状况，区委、区政府坚持从本区实际出发，以市场为导向，积极推进产业、产品结构从行业商业服务型向工业生产型转变，从单一经营型向群体经营型转变，从内向型向外向型转变，从劳动密集型向知识密集型转变。去年全区新建项目 35 个，其中工业企业 23 个，占 65.7%；固定资产总投资 4609 万元，其中用于工业项目 4592 万元，占总投资的 99.6%。全区有 16 个企业由单一经营型转变为多种经营型。黄土坎乡砖厂原来以生产红砖为主，去年在厂内又办起了茶玻家具厂和制镜厂，实行单独核算，多种经营，都取得了较好的经济效益。其中茶玻家具厂人均创利超过了 1 万元。该区外向型乡镇企业也有了发展，现有出口创汇乡镇企业 4 个，出口产品 5 种，出口额达到 272 万元。同时，该区乡镇企业开始由劳动密集型向知识密集型转变，马坊乡邵岭村与技术力量雄厚的燕山大学联合投资 380 万元，兴建了高科技的双层薄壁卷焊管厂，产品主要用于电冰箱生产，投产后，当年就可收回全部投资，年创利税可达 550 万元。目前该厂已进入设备安装调试阶段，预计今年 5 月可投入生产，这个项目将填补我省的一项空白。通过调整，全区产业、产品结构逐步趋向合理，具备了同国营企业竞争的实力。

五、深化企业改革，增强企业活力

为了增强企业的生存能力和竞争能力，他们狠抓了以强化经营机制、

提高经济效益为主要内容的企业内部改革。一是完善以集体承包为主体的承包经营责任制。全区乡、村两级259个集体企业有163个企业实行了“定死基数，逐年递增，超利分成，歉收自补”的集体承包责任制，明确了提留指标及保证措施，从而提高了承包的成功率，巩固发展了承包成果。马坊乡6家乡镇企业由于完善了集体承包责任制，去年创利税200万元，相当于上年的4倍。二是在3个乡、村办企业中进行股份制经营的试点。黄土坎石棉制品厂实行股份制经营，实现了当年施工，当年投产，当年见效。三是改革企业内部分配制度。根据不同企业、工种采取了计件、效益、提成、固定加浮动等多种工资分配形式，较好地体现了按劳分配、多劳多得的分配原则，调动了经营者和职工的积极性。四是对亏损企业实行兼并。铁庄乡棉织厂、北方机械厂分别兼并了经营亏损的永兴服装厂和红旗路汽修厂。兼并后，骨干企业进一步增强了实力，拓宽了生产门路，取得了较好的经济效益，棉纺厂和北方机械厂实现利润分别比上年增加98%和66.5%。被兼并企业迅速扭转了亏损局面，永兴服装厂被兼并后3个月就实现了扭亏为盈。

六、强化企业管理，提高两个效益

该区针对多数企业管理水平低的情况、坚持一手抓发展，一手抓管理，向企业管理要效益。一是狠抓了各项规章制度的建立和实施。区委、区政府组织力量，深入企业帮助建立健全了各项规章制度，及时推广了铁庄乡“五定（定收入、产值，定纯利润基数，定综合折旧率，定人头费、支出标准，定纯利润指标）一包（包各项提留）”责任制，较好地处理了承包经营过程中的责、权、利关系。二是狠抓企业内部的挖潜改造。去年全区投放200多万元对老企业进行了技术改造。马坊乡投资30万元对肠衣厂进行改造，使出口肠衣由原来年产100桶提高到1500桶，年创汇能力提高到100万美元。铁庄乡棉织厂投资30万元进行技术改造后，经济效益明显好转，不仅扭亏还盈利24万元。三是狠抓增产节约，降低物料消耗。去年市场上原燃材料大幅度涨价，他们下大力降低消耗，压缩成本费用开支。燕山啤酒厂煤、水、电等各项消耗指标，达到了省级先进水平，靠降低成本增收30万元。四是狠抓标准计量管理。全区乡镇企业已有53种产品采用了标准化生产，占应采用标准生产的80.3%。通过有标生产，保证了产品质量和市场竞争能力的稳定提高。五是提高产品质量和服务质量。他们制定了奖励名优产品的暂行规定，鼓励企业争创名优产品。燕山啤酒厂生产的“秦雪”啤酒，1987年荣获农牧渔业部优质产品奖；1988年又获省优产品，各项经济技术指标在全省同行业名列榜首，成为全省进入这个行列的唯一乡镇企业，并参加了全国食品博览会，普通啤酒获得银牌，特制啤酒获得铜牌。铁庄电视机厂组装的昆仑牌电视机刚刚投产就靠质量赢得了信誉，打开了销路，为秦市电子工业填补了一项空白。他们还在商服企业广泛开展了文明服务杯竞赛活动，提高了经济效益和社会效益。燕滨商场去年完成销售额1997.4万元，比上年提高30%，成为全市（包括国营在内）销售额最高的商业场家。六是扩大企业积累，为乡镇企业发展备足后劲。区委、区政府专门发出通知，对乡镇企业消费、分配开支及提留，作出了明确规定，避免了短期经营行为，扩大了企业积累。去年全区乡镇企业留利达到508万元。经济实力的增强，使乡镇企业发展形成了良性循环，越办越兴旺，越办越红火。

目前乡镇企业存在的主要问题：一是企业经营管理水平不高，素质偏低，导致个别企业亏损。二是立项前可行性研究不尽科学合理，对产品的市场需求、原材料的来源及运输等问题，缺乏预见性。三是国家控制基建规模、紧缩银根，给建筑行业、建材运输业生产经营带来了困难。四是流通领域进行治理、整顿之后，一直靠外省调运原料的厂家，调运原料困难，影响了生产的正常进行。以上存在的问题，一方面靠乡镇企业扬长避短，自身解决；另一方面市各有关部门应给予多方面的支持，千方百计帮助企业解决具体困难，促进乡镇企业持续稳定地向前发展。

1989年1月

改革是经济发展的推动力

——海港区经济工作的调查

最近，我和海港区负责同志一起参观考察了该区蔬菜公司、糕点厂、秦和塑镜实业有限公司、耀华玻璃机械厂、医用玻璃厂、铝制品厂、灯具厂、啤酒厂8个区、乡、街道、商办企业，并听取了区委、区政府领导同志关于1986年经济工作的汇报。该区经济工作在改革中发展较快，城市、城郊经济同步发展，展示出了广阔的发展前景。1986年全区社会总产值完成1.75亿元，比上年增长24.2%；工农业总产值完成8150万元，比上年增长9.8%；乡镇企业总产值实现7461万元，比上年增长24.7%；社会商品零售总额达到1.93亿元，比上年增长20%；财政收入完成3697.8万元，按可比口径，比上年增长4.5%。农村人均纯收入达到701元，比上年提高7.1%，其中邵岭村人均纯收入已达2300元，率先步入小康。他们紧紧抓住经济体制改革这个中心环节，进行了如下几方面的工作：

一、以搞活企业、提高经济效益为目标，在生产领域积极开展横向联合

海港印刷厂，面临印刷市场的激烈竞争，千方百计“攀大户”，通过优质服务，赢得了北京书目文献出版社的信任，主动为这个厂投资28.5万元。该厂利用引进资金增设备、盖厂房，使这个生产效益不好的企业起死回生，去年产值完成143万元，比上年增长1.4%。可获利润7.8万元，比上年增长6.9%。区汽车大修厂多年来厂房拥挤，不适应生产的需要，与马坊乡王岭村合资经营后，王岭村投资30万元，并征地10亩，新建一个大修车间，解决了资金和场地的困难，并且双方都增加了收入，为该厂生产的不断发展打下了良好的基础。区锅炉厂是省三级定点的锅炉制造厂，去年开始产品内销不畅，外销无路，经营不景气。9月份他们主动与北京锅炉厂签订了联营合同，借助北京厂的信誉和技术，承揽了全市300多台锅

炉维修业务，仅一个月就获利 1 万元。区医用玻璃厂是一个没有工程师、技术员和设备先天不足的小厂，他们与市玻璃设计院签订了技术协作合同，引入了玻璃深加工技术，培训了技术人员，又与视听中心签订了合资经营光学元件的合同，试验成功了聚光镜、放大镜、幻灯机镜头、风化镜等 4 种产品。该厂生产的盖玻片、载玻片被评为省优产品，其中盖玻片在全国质量评比中名列第一，定为部级优质产品，畅销 15 个省市，去年该厂创产值 60 万元，利润 6 万元。海港制镜厂与香港和纪实业有限公司合资经营塑边镜，总投资 120 万元，吸引外商投资 30 万元，产品远销美、英、法、日、东南亚、中国香港等国家和地区。自去年 3 月投产以后，由于双方密切合作，到年底生产各种塑边镜 70 万个，完成产值 80 万元，实现利润 4 万元，为国家创汇 22.7 万元港币。

二、通过敞开城门，外引内联，加快流通领域改革的步伐

区雕刻厂是一个仅有 50 名职工、固定资产 2.3 万元的小厂。1985 年以来该厂在市场供需关系中，拾遗补阙，与 9 个省市县建立了较稳定的流通联合，先后输入 300 多种旅游产品和当地市场紧俏商品，去年上缴税金 1.6 万元，利润 6.3 万元。五金公司与广州五羊自行车厂建立供销关系，去年引进 600 台五羊牌自行车投放市场，缓解了需求矛盾，深受消费者的欢迎。他们对周期短看不准的产品，联合搞代销。百货大楼与 300 多家厂商建立了代销关系，互相拓宽销售市场，使市场日益繁荣。五金公司为外地代销商品 3931 种，销售额达 96.8 万元。百货大楼与近千厂家建立了代销关系，与厂家直接挂钩，引进各种商品。蔬菜公司参加了云南省蔬菜联营公司，使冬季细菜调入有了货源保证，春节可调进细菜 200 万斤。他们还注意与外贸单位联合，借助港口来发展自己。区美术一厂、二厂，制镜厂，自行车制件厂，主动与外贸单位建立联合关系，借助外贸国际市场信息灵通的优势，出口了贝雕画、彩蛋、羽毛蝴蝶、塑边镜、自行车前叉、橡胶板带等产品，积累出口额 104 万元，创汇 18 万元，产品远销亚、欧、美 30 多个国家和地区。区精制石英砂厂产品质量好、价格低，但由于厂小没名气，

销路不畅。该厂自加入中国造型材料公司后，知名度提高，1986 年销售量由 1984 年的 700 吨增至 5000 吨，产品销往 10 多个省市的 180 多个单位，获利 15 万元。

三、在工商企业内部进行分配方面的改革，普遍推行以承包为主要形式的经济责任制

工厂、车间、班组，实行责、权、利相结合，出现了工作、生产的高效率，指标高标准，产品高质量，工艺低消耗的可喜局面。一是区主管部门和企业负责人用承包的形式，落实各项任务，以完成各项指标情况确定奖惩，提高了工作的主动性和自觉性。二是实行了产供销一条龙的利润承包，划小核算单位，把各项指标下达到车间、班组和个人。美术二厂实行这个方法，3 个承包组都超额完成了任务指标。三是实行浮动工资。企业保证职工 50% 的标准工资，另外 50% 依据完成任务情况进行上下浮动，完成定额发 100% 工资，超定额发奖，完不成定额少发。第二五金厂实行浮动工资方法，全厂职工自由结成 16 个小组，单独核算盈亏，各项指标落实到小组，各小组生产用料精细，并主动招揽生意，使经济效益大幅度增长。去年完成利润 36 万元，比上年增长 72.2%。四是实行定额计件工资。按个人的工时定额完成计件任务，发基本工资；超定额部分，按全厂平均工资标准发放。第二印刷厂实行这个方法，全年利润比上年增长 6.9%。五是实行超定额利润分成奖。石英砂厂分车间、按班次下达生产定额，取得了较好的经济效益。去年该厂实现利润 18 万元，比上年增长 21.3%。六是实行单项小包工。蓄电池厂和玻璃机械厂，在安装机器时采用这个方法，既节省了工时、降低了费用，又做到保质保量。七是部分企业对销售人员实行联销计奖，完成销售额发奖金，超过销售额部分按一定比例加奖。

四、进行管理体制方面的改革

一是区属 12 个企业推行了厂长任期目标责任制，区级干部管理由原来的下管两级，改为下管一级，厂有干部任免权和经营自主权，建立健全了职工代表大会制度，发挥职工民主管理企业的作用，给企业的生产经营

和发展带来了活力。二是大中型商业零售企业推行了分级管理、分级核算的经理责任制。五金公司通过推行经理负责制，制定了《企业经理负责制实施细则》《基层党组织工作条例》和《职代会工作条例》，建立了以经理为首的行政业务指挥系统，明确了分工，落实了责任，提高了企业管理素质，促进了各项经济指标的完成。去年该公司完成销售额 697.5 万元，比上年提高 0.26%；实现利润 51.6 万元，比上年提高 10%。三是城郊农村管理体制逐渐从农业经营型向企业经营型转变。马坊乡西盐务村紧靠市区，在 1984 年村民户口农转非后，大力兴办集体企业，使农村剩余劳力得到了安置。由于以前单纯的农业经营型的管理体制已不适应商品经济发展的需要，该村从实际情况出发，以原来大队企业为基础，吸收原来 11 个生产队遗留财产以及群众中的资金，作为入股投资，组成一个有村、原生产队和农户 3 个层次参加的联合经济实体“秦皇岛市燕山实业开发公司”。公司本着权益共享，亏损共负，责、权、利紧密结合的原则，实行了“集体承包、定额计分、按比例分成、工分浮动”的经济责任制。这种既不同于农业又不同于企业的分配方法，为城郊合作经济组织的发展注入了生机和活力。该公司作为城市近郊农村经济管理体制的一种新模式，已显示出其优越性。去年全公司总收入达 497 万元，相当于上年的 3.4 倍；上缴国家税金 36 万元，为上年的 2.7 倍；安排劳力 400 多名，加速了原来滞缓的农民内部分工，实现了剩余劳力向乡镇企业、第三产业的顺利转移。四是精简机构、减少中间环节，他们在 1985 年把蔬菜批发站和蔬菜公司、烟酒公司和小批发合并的基础上，1986 年又将百货公司撤销，分别同百货大楼和百货商场合并，压缩了行政人员，减少了费用开支，减轻了基层企业的经济负担。

五、进行股份制和租赁制的试验与探索

第二五金厂从 9 月份开始实行股份制，全厂 92 名职工，除去离、退休人员，有 83 名职工入股，股金总额达 8900 元，股份制把企业和职工利益紧紧捆在一起，激发了职工的生产积极性，增强了主人翁的责任感。10 月与 11 月两个月该厂完成产值 37.3 万元，比上年同期提高 21%；利润完

成 7.5 万元，是上年同期的 3.9 倍。二是实行租赁制。该区制定了《关于小型商业企业、饮食服务业实行租赁制的暂行规定》。去年下半年，开始在东山理发馆和海阳路专供门市部等小门店试行。海阳路专供门市部自去年 11 月实行租赁制以来，经济效益明显提高，至年底 3 个月销售额达到 11.7 万元，比上年同期提高 17.9%；实现利润 6476 元，比上年同期提高 74.5%。

1987 年 1 月

关于山海关区发展乡镇企业的调查

最近，我就如何发展乡镇企业问题到山海关区进行了调查，听取了区委、区政府负责同志的汇报，调查了第一关啤酒厂、马头庄乡铸管厂、小湾村铸造厂。从总的情况看，山海关区乡镇企业正在稳步发展，企业总数已达 2191 个，比去年同期增加 164 个，从业劳力 11499 人，比去年同期增加 1299 人，从业劳力已占农村劳力总数的 50% 以上；总收入达 4304 万元，比去年同期增长 50.6%；实现利润 855 万元，比去年同期增长 45.4%；上缴税金 363 万元，比去年同期增长 82.4%。在目前不少乡镇企业因原辅材料、资金、人才短缺，产品销路不畅，经济效益较低的情况下，山海关区乡镇企业之所以发展迅速，主要经验是：

一、正确引导，发挥优势

过去，该区城郊“守着城郊啃地皮”，商品生产观念比较淡薄。近两年来，区委、区政府引导农民充分利用城郊优势，因地制宜发展不同层次的乡镇企业，采取积极的措施，扶持乡镇企业的发展。对新上项目，组织有关部门逐个进行可行性研究，帮助决策，减少了盲目性，基本做到上一个成一个。在企业发展方向上，区委、区政府积极引导各乡、村立足当地资源，充分发挥优势，发展有竞争力产品的企业。石河沿岸的高建庄乡，砂石资源丰富，该乡大力发展砂石业、运输业，今年 1 月至 10 月，砂石和运输收入达 180 万元，占全乡农村经济总收入的 25%。户远寨乡地处山区，他们充分利用丰富的山石资源，大力发展采石业和运输业，预计采石和运输全年收入可达到 292 万元。该区利用优质水源，发展啤酒厂 2 个，饮料厂 5 个。第一关乡大街村投资 530 万元建成年产 8000 吨的第一关啤酒厂，去年 9 月投产，生产的啤酒达到了国家规定的标准，已远销北京、天津、东北三省，在全市乡镇企业系统啤酒评比会上获得总分第一名，被评为市优质产品。今年 4 月在全国啤酒协会组织的 9 省 62 个厂的 76 种啤酒的品评中，进入了前 7 名。今年可生产啤酒 9200 吨，获利 210 万元，人均年产值 1 万元、利润

6000元。明年订货已全满，3年后即可收回全部投资。该厂计划明年扩建，使年生产能力达到3万吨。该区还利用山海关旅游优势，发展了一批生产旅游纪念品的家庭作坊。

二、热诚服务，为企业排忧解难

该区把积极做好乡镇企业的服务工作列入了议事日程。通过召开联席会、协调会、现场办公会，组织有关部门为乡镇企业提供信息技术、资金、原辅材料等多方面的服务，帮助乡镇企业解决生产中存在的问题。区委、区政府组织经济考察团，到温州、江苏、北京、天津、唐山和东北三省等地进行学习考察，收集了大量的经济信息，筛选出适合本区特点的项目，建立以清凉饮料、汽水、雪糕、啤酒为重点的企业56个，有50个厂家当年建厂当年见效益。为适应乡（镇）、村、联户、个体四个层次乡镇企业发展的需要，该区拿出8万元，借款13万元，办起了乡镇企业供销公司和乡镇企业展销门市部，与铁路共建了联运办公室，以便为企业解决“不好办和办不了”的事情。供销公司开展多项服务，把供应乡镇企业的原、燃、材料作为头等任务来抓，在北方五省、东北三省建立了25个业务关系网点，收集经济信息，开展咨询服务，为企业解决物资供应难的问题。今年以来，为全区乡镇企业调剂钢材150吨、焦炭80吨、柴油25吨，调剂急需材料580吨，销售额达到87万元，实现利润1.3万元。产品展销门市部展销本区及本市其他县、区乡镇企业的产品，并为其他地区代销产品，从成立到现在仅50多天，就为本地展销23个种类、100多个品种，还为10个市、县的52个厂户进行了代展销，为乡镇企业打开产品销路创造了有利条件。为配合口岸出口，增加乡镇企业收入，区政府设立了仓储管理处，统管6个乡村仓储管理站，年吞吐能力达到6万吨，随着厂矿企业及原、燃、材料运输量逐渐增大，内调外运矛盾日趋突出，今年10月，该区和铁路联合成立了联运办公室，协助乡镇企业解决了物资外运内调的困难。

三、抓技术人才的引进和培训，加强企业的基础建设

当前乡镇企业人员素质不高，技术落后，是企业缺乏活力的重要原因。该区从实际情况出发，加强了人才的引进和培训。积极引进先进技术，先

后从北京、吉林、佳木斯、哈尔滨、鞍山等市引进山泉饮料、汽水、香槟露、果味露、雪梅露、照相器材等6项技术专利。聘请了各类能工巧匠、工程技术人员120名。为提高乡镇企业管理人员素质，一年来，举办两期企业厂长培训班，共培训厂长76人，系统学习了企业管理知识；举办一期会计培训班，共培训会计70人，系统学习了财务管理知识；聘请一级厨师，举办了一期有40人参加的烹调技术学习班。通过培训，提高了他们的业务能力，促进了企业素质和管理水平的提高。

四、外引内联，推动企业发展

一年多来，该区大开城门，欢迎八方合作，积极发展横向经济联合，先后引进24个项目，引进资金710万元，增强了企业的实力和后劲。南么河乡与北京照明器材厂联合建立照明器材分厂，规模不大，投资不多，产品短线，经济效益高，今年创利润3万元。该区还注意搞好流通领域的联合。马头庄乡铸管厂，是一个仅有68名职工的生产自来水上水管的小厂。该厂靠信誉，靠质量，与深圳、哈尔滨等地建立产销协作关系，生产的上水管在深圳等城市打开了销售市场，促进了企业的发展，到10月底产值达140万元，利润达到16万元。一关乡南后街村和东北友好林业局成立联营木材公司，经营木材，1月至10月获利润18万元。他们还注意引进科研项目，拓宽发展渠道。东姜庄紧靠渤海，具有发展海水养殖的优越自然条件。今年该村接受了省科委养殖扇贝的“七五”星火计划，建立起渤海养殖厂。他们多次到山东、大连学习养殖技术，并在省有关部门的帮助指导下，扇贝养殖试验获得了成功。今年放养扇贝10亩，产量可达到14000斤，产值达到16800元，可获纯利6840元。该厂计划海水养殖面积发展到600亩，养殖与加工并举，力争把渤海养殖厂建成我省海珍品生产基地。

1986年11月

改革给山海关区增添了活力

山海关区属秦皇岛市辖区，管辖7个乡、4个街道办事处，12.7万人口，是一个以城市为主要功能、以“天下第一关”而闻名中外的旅游胜地。自秦皇岛市被确定为14个进一步对外开放的沿海城市以来，特别是1987年，该区不断加快和深化改革，使这个文明古城区增添了活力，各项工作出现了稳步发展的新局面。

以商业为突破口的各项改革取得了长足进展。该区根据商业所处两个文明窗口地位和存在的经济效益低、服务态度差、个别国营门店濒临倒闭等实际情况，把商业改革作为城市经济体制改革的突破口，并取得了明显的经济效益和社会效益，他们在改革中采取的方法是：

一、坚持循序渐进的原则，先行试点，逐步全面铺开。他们在充分调查研究的基础上，首先对昌盛百货店等5个不同门店进行了股份制和租赁经营形式的改革试点。实行1个月，经济效益就得到了成倍增长。昌盛百货店由过去的月平均亏损200元，达到月盈利500多元。试点改革成功，在全区商业系统引起了强烈反响，广大职工从改革的实践中看到了希望，出现了人人议论改革、关心改革、要求改革的好形势。根据广大干部职工的要求，该区及时总结试点经验，制订和完善了商业系统改革的具体方案，并迅速在商业系统全面铺开。

二、从实际出发，因店制宜，不搞“一刀切”。该区根据各门店所处的地理位置、经营状况，尊重职工意愿，全区43个国营门店除1个因搬迁原因外，其余12个门店全部进行了承包。其中实行集体租赁的36个，个人租赁2个，集体承包2个，个人承包1个，实行股份制的1个。使整个商业系统出现了多种形式竞争、生动活泼的改革局面。

三、狠抓配套改革，使改革不断深化。他们认识到，不搞好改革配套，门店改革势必功亏一篑。因此，他们在门店改革之后，及时采取措施，狠抓了配套改革。首先，对公司一级实行改革。将商业系统7个公司，除饮食服务公司外，均与所属批发部合并，由行政性公司转变为经济实体，由过去的单纯管理型转变为服务经营型。其次，抓好门店内部的二级承包。把工资和效益挂钩，进一步解决职工吃企业大锅饭问题，巩固和发展门店改革成果。由于改革的不断深化和完善，全区商业系统的经济效益和社会效益有了明显提高。至去年年底，全系统销售额达 6225.6 万元，比上年增长 6.89%；加上上年不可比因素，实际完成利润 52.27 万元，与上年亏损 7.66 万元相比，增加 59.93 万元；向国家缴纳税金 181.9 万元，比上年增长 15%；企业留利 61 万元，比上年增长 81.12%；职工个人收入 300.7 万元，比上年增长 11.7%。基本实现了国家增收、企业多留、个人多得三个同步增长。同时，各承包门店主动延长营业时间，服务态度明显好转，商品种类增加，店容店貌改变，行业不正之风得到进一步解决，从而方便了广大群众，带来了明显的社会效益。

在商业体制改革取得成功之后，该区及时把商业改革的成功经验推广到其他行业。到去年年底，经委系统 19 家企业有 17 家实行了租赁、利润递增等多种形式的承包。供销系统所属 19 个门店和 2 个公司实行了租赁、利润分档分成、“四定一率”（即定人员、定资金、定商品损耗、定利润，百元销售工资奖金率）等多种形式的改革。供销社主任与区政府签订了任期三年的目标责任制，全系统上下真正形成了一股合力，去年全系统实现利润 93 万元，比上年增长 128%。物资系统去年共完成销售额 2301 万元，比上年增长 109.4%；实现利润 49.6 万元，比上年增长 118.5%。粮食系统在门店试行了以议价经营为重点的简易承包，服务态度好转，粮食品种增加，得到了群众的好评。医疗系统推行了院长负责制和科室与医院的层层承包，服务项目增加，门诊量成倍增长，经济效益明显提高。

此外，该区农村经济体制改革得到了进一步巩固和发展。一是健全和完善了地区性合作经济组织。全区 7 个乡、119 个村普遍建立了合作经济组织，在为农民产前、产中、产后服务方面做了大量工作，并取得了较好效果。二是搞好乡镇企业承包。全区 50 个乡村企业全部实行了不同形式的承包经营责任制，给乡村企业注入了生机和活力。去年全区乡镇企业完成工业总产值6221万元，比上年增长29%，实现利润1003万元，比上年增长16.9%。该区还着手在政治体制改革方面进行了有益的探索。在各乡和部分区直机关干部中推行了任期目标责任制；对新提拔的27名副科级以上领导干部，实行了试用期一年的试用期制度；对乡级干部实行了交流制度，解决“家门化、裙带风”所带来的弊病，对农口和建委系统的机构进行了理顺和调整；对城市街道办事处工作进行了调查，并着手进行改革，在简政放权方面已采取了一些切实有力的措施。

在深化经济体制改革中，该区加强对经济建设的领导，使全区经济工作出现了稳步发展的好势头。区委、区政府本着党政分开的原则，各有侧重，分工协作。区委由过去的事无巨细，一揽子抓，转变到抓宏观规划、政策研究和对重大问题的决策上来。他们在反复调查研究的基础上，制定了全区《经济发展规划》《旅游业发展规划》和《城市发展规划》，并已付诸实施；他们抓宏观规划的同时，加强了经济政策的研究，结合外地做法和本地实际，就发展横向经济技术联合、搞活全区经济作出了15条具体规定；该区领导同志为了取得领导经济工作的主动权，及时对经济工作作出正确决策，认真转变作风，先后5次深入乡镇企业、街办企业、区直企业和商业进行调查研究，发现问题及时采取措施，较好地解决了经济工作中的一些问题。由于该区加强了对经济工作的领导，全区经济工作出现了稳定发展的好局面。去年全区工农业总产值完成8725.2万元，比上年增长18.5%。其中工业总产值完成6228.2万元，比上年增长18.5%；实现利润757.8万元，比上年增长10.6%。农业总产值完成1997万元，比上年增长7.4%；农村经济总收入突破了1亿元大关，比上年增长22%；农村人均收入达到717元，比上年增长12.7%。按照财政部〔1987〕财税字242号文件精神在退税432万元的情况下，仍实现税收3052万元，财政收支达到了基本平衡。

该区在坚持以改革推动经济发展的同时，按照《秦皇岛市2000年经济技术社会发展战略》和区里制定的《旅游业发展规划》，狠抓了以“建一流旅游胜地，做文明山海关人”活动为主要内容的精神文明建设，使全区文明水平得到了显著提高，旅游事业得到了较快发展。他们重点开发建设了以 24 公里长城为一线的老龙头、关城、角山、悬阳洞、孟姜女庙和燕塞湖等 6 个旅游风景区。先后修复了老龙头入海石城、靖卤一号敌台、南海口关和澄海楼，并已向中外游人开放；修复了关城牧营楼 1 座、城墙 422 延长米，对靖边楼进行了彩绘；修建了高 12.46 米、总建筑面积为 1520 平方米的新开路和一关路两处券门；修复了角山 02 敌台及南侧 200 延长米的城墙；更新了孟姜女坐像；增设了两尊孟姜女全身塑像，修建了两座配殿。在抓好旅游景点建设的同时，该区还狠抓了城区的环境建设。拓宽了兴华路、一关路，修建了东水关路；在已建成 6 处亭榭的基础上，增设太湖石假山 1 座、五童戏鱼喷泉 1 组，安装园灯 23 盏，整个环城公园已初具规模；投资 82.9 万元进行了城区的绿化美化建设，共植树 8.87 万株，种草坪 7.6 万平方米，获得秦皇岛市 1987 年“绿色长城杯”荣誉奖；狠抓了城区的环境卫生建设，实行环境卫生分片承包责任制，各项指标均已达标，受到了省市的好评。旅游景点及配套设施的开发建设，进一步提高了山海关的知名度，促进了旅游事业的蓬勃发展。来关游客明显增多，去年共接待中外旅客 302.5 万人次，比上年增加 7%；变过去的“一日游”为“多日游”，来关游客滞留时间普遍长于往年，全区宾馆、招待所 5000 张床位，暑期始终客满，旅游社会总收入大幅度提高，达到 853.6 万元，比上年增加 53.1%；全区各行各业旅游服务质量普遍提高，涌现出许多拾金不昧、助人为乐和热情为游客服务的先进模范事迹，受到中外游客的称赞。

山海关区在过去的一年里，各项工作之所以取得较大的成绩，关键的一条就是他们把加快和深化改革作为全年工作的中心，有计划、有步骤地进行了多领域、多层次、多形式的探索与实践。其次是他们坚持党要管党的原则，下大力量抓了全区党的思想、组织、作风建设。有效地开展了坚持四项基本原则、反对资产阶级自由化的正面教育，认真开展了反对官僚主义的斗争，落实了抓党风责任制，发挥了各级纪检会的党内监督作用。利用典型开展党风党纪教育，及时宣传表彰改革中涌现的先进模范人物，整顿纪律和作风，严厉查处了各种违纪案件，有力地保证了各项改革的顺利进行。三是在全区开展了职业道德教育，开展了“为古城增光彩”“赞美颂优”“暑期文明优质服务竞赛”“文化、普法夜市”等多种形式的争做文明山海关人的文化宣传教育活动，为改革创造了一个良好的社会舆论环境。四是区五套班子成员做到了分工明确，互相配合，团结一致，通力协作，形成合力，保证了全区各项改革和经济工作的有效开展。新年伊始，该区正在总结过去的工作，决心在新的一年里认真学习贯彻党的十三大精神，把全区改革和其他各项工作不断推向前进。

1988 年 3 月

抚宁县贯彻中央一九八六年一号文件情况的调查

最近，我到抚宁县马家峪、留守营、冯庄 3 个乡就贯彻今年中央一号文件的情况进行了调查，参观考察了留守营凡南造纸厂、周庄皮毛厂、冯庄钢球厂等一些乡村企业，同基层干部和一些乡村企业的负责同志进行了座谈，并听取了县委负责同志关于贯彻中央一号文件情况的汇报。从这次调查的情况看，托宁县从实际情况出发，从巩固、完善农村改革成果，加强农村基础工作入手，贯彻中央一号文件的措施得当，效果较好。

一、抚宁县在贯彻中央一号文件中，紧紧围绕“巩固、消化、补充、改善”八个字，扎扎实实走了“学习文件、调查研究、开好全县农村工作会议、狠抓政策措施落实”这四招棋

第一，学习文件，首先解决认识问题。县委在收到中央一号文件后，立即组织县委常委学习两天，领会文件精神，然后组织县五套班子领导成员、县直各部门主要负责人集中学习文件，上下统一了思想。大家一致认为，贯彻今年一号文件，要重新认识农业是国民经济的基础，粮食是基础的基础，把粮食生产和多种经营搞得更好，要认真解决抚宁如何巩固农村改革成果，如何消化中央政策，在哪些方面补充、改善，如何进一步健全完善服务工作等问题。县直各部门、各区乡分别召开了党委、支部会和全体干部会进行学习，为深入具体地贯彻奠定了基础。

第二，搞好调查研究，做到有的放矢。在普遍学习的基础上，县委统筹安排，调动全县各方面的力量，深入基层，进行了长达一个月时间的调查研究工作。一是密切联系抚宁实际，搞了六个政策性专题调查，提出贯彻落实一号文件的具体意见和措施，最后经过县委、县政府研究，形成了《关于继续调整农村产业结构的意见》《关于完善农村责任制的意见》《关于发展乡镇企业的意见》《关于完善地区性合作经济组织的意见》《关于健全商品生产服务体系的意见》《关于当前土地管理中存在的问题及解决意

见》《关于减轻农民负担的几项规定》等七个文件下发执行。二是从消化一号文件精神的基点出发，调查总结了榆关乡沙河村做好综合服务的经验，县水利局搞好水利服务的经验及杨家坪、小所庄、英武山、太和寨等村以工补农、调整产业结构、两个文明一起抓、加强社会治安综合治理等六个典型经验。这些文件和典型经验材料，多侧面、多层次地回答了抚宁如何消化中央一号文件精神的问题，起了示范和引导作用。

第三，开好全县农村工作会议，进行具体部署。在作好充分准备的基础上，县委、县政府于2月下旬召开了有区、乡党政一把手和村支部书记参加的全县农村工作会议，传达贯彻一号文件。会议确定全县今年农村工作总的指导思想是："改善和加强宏观控制，消化和补充改革成果，健全和完善经济手段，巩固和发展大好形势。进而实现农村经济的'三同步'（农业总产值、农产品产量、经济效益同步增长）、'三统一'（经济效益、社会效益、生态效益统一）。"奋斗目标是：形成农林牧副渔综合经营，农工商建运服（务）协调发展的新格局，农业总产值增长6%，达到19450万元；乡镇企业总收入增长10%，达到15000万元，农业人口人均收入增收54元，达到522元。

在这次会议上，县委联系全县实际，就10个方面的工作提出了明确的指导思想：

（一）粮食是基础的基础，必须抓好，要用商品生产和大农业的观念指导粮食生产，稳定面积，提高质量，增加产量；

（二）继续支持山区发展果树，禁止平原区在优质粮田上栽果树；

（三）畜牧饲养业要面向千家万户，量力发展，不人为地搞什么"养殖大户"；

（四）确定台营、大新寨、驻操营三个区为贫困山区，对这些地区发展经济实行15条优惠政策；

（五）不能简单地用"盲目发展"的说法来评价乡镇企业，而要找准问题，加强指导，搞好管理，积极稳妥地继续发展；

（六）减轻农民负担的问题要坚持两点论，一是各级政府必须严格按照政策解决“四乱”问题。二是加强对农民进行社会主义、集体主义教育，合理的负担要积极主动交纳；

（七）在粮食订购上，农民与集体是承包关系，按合同规定交售粮食是农民应尽的义务；

（八）要用科学技术武装农业；

（九）加强横向经济联系，开拓服务领域，形成多功能服务体系；

（十）农村的党组织必须坚持两个文明一起抓，年内实现农村社会风气的基本好转。这些指导思想，统一了全县的认识，为贯彻好中央一号文件打下了坚实的思想基础。

第四，各级干部分工包干，层层狠抓落实。县委常委包区，区委领导包乡，乡干部包村，全县组织近700名干部深入基层抓落实。各村都召开了党员干部会和群众大会，学习贯彻中央一号文件，制订全年的工作计划。县直各部门纷纷制订了服务农业、支援农业的规划，积极为农村办实事、解难题。

二、抚宁县贯彻中央一号文件指导思想明确，措施得当，各级各部门狠抓落实，已收到较好的效果

（一）粮食定购工作抓得紧。去年该县没有完成定购任务，关键是合同不完善，群众在认识上也存在一定片面性。今年粮食定购任务下达后，县政府立即进行了部署，县区乡各级和粮食部门通力协作，广泛宣传动员，使广大群众有了较明确的认识。全县7100万斤定购任务于4月中旬已全部落实到村到户。

（二）“三个基地”已初步形成。今年县委、县政府规划建成水稻、玉米、商品菜三个生产基地，通过有关部门精心规划与组织已初步形成。水稻基地12个乡镇，面积10万亩，基本保持1985年的水平，有关部门在品种更新、技术服务等方面采取了必要措施；玉米基地18个乡，总面积16万亩，已基本落实到村到户，并建立了“玉米基地技术指导中心”进行技术培训等项服务工作；蔬菜基地在市镇近郊的9个乡镇，已落实菜地11100亩，细菜、大棚菜比去年明显增多。

（三）“十五条优惠政策”促进了贫困山区的经济发展。县委、县政

府制定的《支持台营、大新寨、驻操营三个贫困山区发展经济的十五条政策》同山区干部群众见面后，反映强烈，调动了山区群众的积极性、创造性。台营区出现了栽果树热，新栽各种果树 15 万株。

（四）乡镇企业继续稳步发展。乡镇企业管理部门派出 12 名管理干部深入基层，深入企业调查研究。一是抓责任制和各项管理制度的完善提高工作。二是对全县 26 个较大的在建项目逐个进行分析研究，对其中 20 个可以继续上的项目，制订了实施方案，加快了建设速度，对 6 个需要停缓的项目作了妥善处理。三是对新上项目从严把关。第一季度乡镇企业经济效益普遍比去年同期有所提高。

（五）技术培训、技术下乡更加活跃。一季度全县农业技术普训 9 万人次，推广了 22 个试验项目，10 个示范项目。农业技术正走向千家万户。

（六）农田基本建设出现了恢复和发展的势头。今春在全县推广了王家沟村大包干后大搞农田基本建设的经验和滑石后水库综合经营、综合开发、综合服务的经验，各乡村都重新规划了农田基本建设项目。县水利局已着手抓三件事，一是投资 15 万元整修渠道，把 3 万亩井灌水稻改为渠灌，可降低生产成本 60 万元；二是投资 22 万元，用于洋河库区 16.1 平方公里的小流域治理；三是扩大洋河三大灌渠的服务能力，可扩大灌溉面积 10700 亩。

（七）扎扎实实地解决了一批具体问题，保证经济建设的正常进行。该县把整党和贯彻一号文件结合进行，互相促进，推动了整改，巩固了农村改革成果。一是认真解决了今春下庄乡出现的盗伐林木、聚众赌博等问题，成立了县、区、乡联合工作组，县委主要领导亲自到下庄乡调查研究，了解情况，对出现的问题严查快办，很快刹住了赌博风、乱砍风；二是抓了乱占宅基地风，全县共清退宅基地 51.6 亩；三是认真解决了拖欠公款、拖欠征购问题，有 167 名党员退款 81000 多元；四是下力量解决了榆关、海阳、留守营、城关各区的 20 多个乡镇拉沙毁地毁林毁坝问题，稳固了农村持续发展的环境基础。

1986 年 5 月

抚宁县“双增双节”成绩显著

今年以来，抚宁县把“双增双节”运动作为经济工作的中心环节，切实加强领导，采取有力措施，取得了显著的经济效果。1月至10月，全县乡以上工业企业，完成产值9847万元，比去年同期增长21.6%。其中经委系统完成产值、利润、税金，分别比去年同期增长30.7%、27%和35%；二轻系统完成产值、利润、税金，分别比去年同期增长20%、29%和26%；乡办工业完成产值、利润、税金，分别比去年同期增长35%、12%和17%。全县乡镇企业，总收入17125万元，比去年同期增长24%；产值10245万元，增长16%；利润2819万元，增长10%；上缴税金1101万元，增长12%。全县财政收入2874.4万元，比去年同期增长23.9%；财政支出1702.5万元，比去年同期下降10.6%。

抚宁县“双增双节”主要抓了以下几方面的工作：

一、深化企业改革，落实承包责任制

全县29个国营、集体工业企业和1120个村办企业，实行了不同形式的承包责任制，分别占企业总数的75%和100%。同时普遍推行了厂长任期目标责任制，把企业对国家、集体承担的责任、各项经济技术指标等层层分解到科室、车间、班组。“承包到组，人人操心，操心出效益。”该县造纸厂与县经委、财政局签订了承包合同，并将各项指标向下分解，层层落实责任。对第一、二车间和动力车间，实行吨纸工资、奖金含量承包，工资和奖金捆在一起，奖金上不封顶、工资下不保底，对高光泽纸车间，实行独立核算，利润超基数分成；对汽车队实行利润超额分成；对行政科室按工作标准，实行百分计奖；对采购人员实行采购、销售奖；对基建工程和技改项目，实行专项承包。完善了企业经营机制，调动了经营者和职工的积极性，促进了经济效益的提高。今年1月至10月，该厂完成工业产值1315万元，比去年同期增长32%；实现利润265万元，比去年同期增长 14.8%。

二、突出重点，狠抓扭亏增盈

年初，该县有 9 个县办企业，40 个乡（镇）、村办企业经营不景气，有不同程度的亏损。为了改变这种状况，保证全县经济协调、稳步、持续发展，该县狠抓了亏损大户和盈利大户，使先进更先进，后进赶先进。一方面，“鞭打慢牛”。由主管部门组成专门班子，深入亏损大户，帮助分析查找原因，采取切实可行的措施。对去年亏损 6.8 万元的县一砖厂实行租赁经营；帮助磷肥厂建立扭亏责任制。另一方面，“给快牛加料”。对县造纸厂、水泥厂、二化等盈利大户加强动态控制，逐项落实“双增双节”措施，使其多盈利，更上一层楼。到 10 月底，该县工业企业的 9 个亏损大户，6 个开始扭亏，3 个实现了扭亏为盈，乡（镇）、村办企业的 40 个亏损单位，10 个已扭亏，30 个扭亏为盈。县一砖厂通过实行租赁经营和厂长承包责任制，企业出现了新的转机。到今年 10 月底，创产值 16 万元，比去年同期增长 111.4%；实现利润 3.8 万元，比去年同期提高了 109.4%，实现了扭亏增盈。该县酒厂由于受原辅材料涨价等因素的影响，年初预测全年将亏损 40 万元。该厂在困难面前变压力为动力，深挖企业内部潜力，改善劳动组织，降低单位产品中的固定费用，千方百计提高出酒率，对销售人员实行销售提成工资，调动销售人员的积极性。10 个月来，该厂生产、销售出现了前所未有的好形势，不仅扭转了亏损局面，还盈利 2.03 万元。

三、抓技改，在内涵扩大再生产上做文章

该县遵照国务院“压缩基建投资规模，紧缩银根”的通知精神，强化企业管理狠抓技术改造，依靠内涵扩大再生产提高企业的经济效益。今年全县水泥、造纸、化工、机械等行业共上技改项目 12 项，总投资额 2153 万元。这些项目全部建成投产，可增加产值 4000 多万元、利润 1100 多万元。该县加快一化改建大窑水泥、二化磷铵配套工程和新增碳化车间、磷肥厂的地板卷材等技改项目进度，并认真抓了淀粉葡萄糖厂筹建、磷肥厂与石家庄第一塑料厂联合开发聚乙烯产品和恢复磷肥生产、县棉织厂与市

棉织厂联合等几个较大项目。县委、县政府主要领导亲自定厂包项，督促、检查工程进度和施工情况，帮助解决存在的问题，目前有8个所包项目已经完工。一化改大窑水泥工程已经建成，年底可正式投入生产，投产后可年产水泥10万吨。二化磷铵配套和新增碳化车间项目，土建全部完成，目前正在跑有关部门解决电力增容问题，预计明年“五一”投产，年生产能力为合成铵2.5万吨、化肥10万吨。此外，该县采取“老厂下蛋、大厂带小厂”办法，抓了乡镇企业的发展。樊各南造纸厂根据市场需求，及时调整产品结构，新增白卡、白板两个高光泽纸车间，进行纸的深加工增值。这两个新车间待明年建成投产后，可年产高光泽纸700吨，全厂产值可增加到1000万元。抚宁县第二钢窗厂是县钢窗厂下设的分厂，该厂直接受大厂人才、技术的辐射，到10月底，仅投产一个月就生产钢窗2000平方米，创产值8万元，实现利润8000元，上缴税金4000多元。西河南乡造纸厂和啤酒厂，又分别建成了纸箱厂和啤酒分装厂，比单独建厂节省了资金，实现了就地加工就地增值。今年全县靠大厂带小厂、老厂下蛋投产的乡镇企业，就可增加产值600多万元。在抓技改大户的过程中，该县还注意开展横向经济技术联合，县主要领导亲自到有关部门联系项目，县直一些局和不少区乡成立了上项目专门班子，广泛接触联系，拓宽了发展渠道。到目前，全县已签订联合项目82项，总投资6122万元，其中引进资金4372万元；还有意向性项目15项，邀请各类工程技术人员119人，委托大专院校代培学生42人。

四、量入为出，节约开支

该县开展“双增双节”运动，注意加强在宏观上的控制和微观上的指导，制定了全县包干支出总额比去年减少23.1%的总目标，并采取了以下具体措施：一是全年公用经费实行“以人定额、总额包干、超支不补、节约留用”的方法，各单位年终包干经费结余部分，提取50%，用于本单位的集体福利和个人奖励。二是合并和撤销了3个常设机构和50多个非常设机构，并对党政机关的合同工、副业工、临时工进行了认真清理。三是加强对小汽车购买的审查和日常管理，对全县小汽车实行了“车辆定编、费用限额”

的管理办法，凡由财政拨款的单位，今年一律不准购买小汽车。现有汽车小型维修费及油费比去年减拨 12%。至 10 月底，全县车辆维修费和汽油费比去年同期下降 20%。四是压缩会议，可不开的会议一律不开，非开不可的会议合并召开，并要缩短会议时间，严格控制就餐人数。到 10 月底，县委、县政府会议经费比去年节约了 26000 元。五是堵塞漏洞，改革公费医疗办法，实行医院、单位、个人三挂钩。到 10 月底，此项费用比去年同期下降了 30%。

1987 年 11 月

保持清醒头脑　继续稳步前进

——关于抚宁县的调查报告

几年来，抚宁县经济工作有了较大进步。去年完成国内生产总值21亿元，工农业总产值41.8亿元，乡镇企业总产值31.46亿元，固定资产投入6.06亿元，外贸出口收购值1.51亿元，财政收入11657万元，农民人均纯收入1966元，分别比上年同期增长了48%、38.1%、45%、30%、16%、12.4%和34%。特别是财政收入每年以1000万元左右的速度递增，在我市各县、区中是比较突出的。今年1月至5月，由于受到市场一些产品（水泥、纸张）供大于求、产品销路不畅、银行信贷困难、流动资金锐减的影响，工业总产值、乡镇企业总产值、乡镇企业利润、财政收入和外贸出口收购值等指标，虽完成了生产计划并略有增长，但发展速度明显放慢，经济运行质量不高，经济效益大幅度下降。特别是流动资金出现了1.5亿元的缺口，导致一些企业“停停打打”，生产不能正常进行。全县拳头产品水泥和纸张成本高于销售价格，且产品大量积压，经济效益受到严重影响。各企业面临困难，生产经营不正常，企业改革步伐偏慢，缺乏足够的力度。企业管理制度滞后，运行机制不活，影响了企业正常的运转。

为了克服和解决上述困难和问题，使全县经济继续保持稳步发展的势头，抚宁县委、县政府经过认真分析形势，准备下半年和今后较长一段时间重点抓好以下几项工作：

一、加速体制改革步伐

本着有利于企业发展、有利于财政多收、有利于职工多得的原则，区分企业不同状况，有针对性地搞好改制工作。在企业中普遍开展“一厂一策”活动，先拿出具体方案，然后分别实施。按照“抓大放小”的原则，大企业，实行参股、融股，扩大规模，产品上档次。好企业，以国家控股为主。负债额高的和停产、半停产企业，以嫁接改造和租赁为主。小企业，实行拍卖和租赁。靠“一厂一策”启动停产、半停产企业，采取“银行抬、财政担”的办法，扶持其扭转被动局面。供销等流通领域，在前一阶段招标租赁并取得一定成绩的基础上，继续抓好解决潜亏工作，不断提高效益。物资系统，准备采用大额风险抵押办法，搞活并促其发展。通用机械厂和磷肥厂等企业，搞股份制，转换企业机制，使其重现生机。该县准备从7月份开始，由领导亲自主持，有计划有步骤地进行调查研究，及时解决改制方面出现的困难和问题。

二、加大开放、引进力度

一是扩大渠道，招商引资，邀请20名左右有影响的抚宁籍人士，来县参加小型家乡建设恳谈会，请他们为家乡经济建设献计献策。二是到东北、西北举办招商会，目前正做前期准备工作。三是派小分队到韩国等地招商。总的原则是，不拘形式，尽量减少招商经费开支，从实际出发，注重效果。立足引进国内外客商来抚成片开发，立足提高客商投入比例，立足引进资金技术嫁接改造。触角重点伸向韩国和我国东北、西北等地，围绕南戴河高新技术产业园区和县城工业区开发上项目做文章。

三、狠抓立县大项目的建设

该县按照以项目为基础，重点项目与计划指标紧密衔接、不留茬口的原则，经过认真筛选，明确了主要抓好“双十”“双三十”工程，即通过嫁接改造，到1997年全县有10家现有企业年产值进入亿元行列，有30家年产值进入千万元行列；同时再开工建设10家年产值亿元企业和30家年产值千万元企业。各乡镇也分别确定各自的重点项目，靠上大项目来调整产业结构，增强乡镇发展后劲。通过努力，目前在建的一些立县大项目已经开工，年产138万吨的浅野水泥项目，可望明年5月竣工投产；年加工能力65万吨的县炼油厂二期工程可于今年8月投产。另外，以生产热钛离子炉、连注机清洁器等为主要产品的长白山机械厂分步搬迁，可望7月开工，现已引进资金4000万元。10万千瓦热电厂项目正在抓紧工作并有明显进展。30万台大正电子消毒柜扩产，年产2万吨葡萄糖、2万吨酒精、3 万吨白板纸、3 万吨牛皮箱板纸、6 万吨合成氨等亿元项目都在抓紧前期准备工作。

四、狠抓乡镇经济的发展

强化乡镇经委作用，组织专门队伍，保证有足够力量抓乡镇企业。狠抓固定资产投入，放开眼界多渠道融资，切实加强项目建设。地处“三沿”部位的重点乡镇都要确定新上和技改的重点项目，并责成专人狠抓落实。继续支持鼓励个体私营经济发展，下达目标，努力增加个数和扩大规模。

按照“统一规划，自成体系，独立开发，滚动发展”的原则，加快乡镇企业小区建设。重点是搞好抚宁、留守营、石门寨、牛头崖、榆关、台营六镇的建设，着眼点放在引资上项目方面来。像安国发展药材、安平发展丝网那样，抓好具有抚宁特色的经济和市场建设的发展。发展深河的机械加工业，在已创建 31 个各类市场的基础上，进一步完善县城新区商贸中心建设，使其更大规模地发挥功能作用。抓好骊城大街两侧的商贸带建设。计划围绕县高速公路建设，在县城搞个大的商品批发市场，使之成为山区干鲜果品、各种鲜货的集散地。通过专题调研后，还计划搞个电池市场，用市场带动该产业的发展。利用临港临路的便利条件，充分发掘现有仓储潜力，大力发展粮油、煤炭、建材贸易，参与跨区域的大流通大循环。年内全县社会商品零售总额要达到 7 亿元，比上年增长 17%。

继续围绕“稳粮、增菜、上果、兴牧、强龙”的思路，搞好农业内部结构调整，使其向“两高一优”方向转化。稳粮，水浇地要达到 38 万亩，小麦种植力保 10 万亩，“双千田”增加到 25 万亩。增菜，蔬菜面积达到 10 万亩。上果，“四荒”新上果树 200 万株，大力抓好 13 万亩优质苹果、2 万亩优质桃、1 万亩热杂果、5 万亩板栗、5000 亩花椒、3 万亩香椿生产基地建设，完成改劣换优 5000 亩，中低产果园改造 5000 亩。兴牧，肉牛、羊、鸡和猪的饲养量分别达到 5.6 万头、10.5 万只、324 万只和 55 万头。强龙，围绕发展淀粉葡萄糖、造纸和水泥，建立起产供销相衔接、贸工农一体化的经济格局。

最近抚宁县委、县政府对全县形势进行了实事求是的分析，清醒地认识到当前经济形势存在的困难，并提出了今后重点抓好的几项工作。我们相信抚宁县只要脚踏实地，认真对既定决策加以落实，就能够巩固住已有的成绩，继续稳步前进。

（原载 1996 年 7 月 12 日市委办公室《办公室通报》）

关键在于抓落实

——昌黎县实施“经济发展战略”的调查

最近，我到昌黎县进行调查，深入县葡萄酒厂、糖厂、啤酒厂、大田庄乡麦芽厂、罗家营村啤酒厂等县、乡、村办企业，与这些企业的负责同志进行了座谈，实地考察了大田庄乡总屯二村沙地改造的现场，并听取了县委负责同志关于今年以来全县工作情况的汇报。深感昌黎县自完成《2000年经济技术社会发展战略》研究工作之后，全县经济工作纳入发展战略轨道比较快，工作比较扎实。年初，他们围绕实施《发展战略》制定了“三线开发，两带治理，突出重点，稳定基础”的经济发展的指导思想，并加快实施步伐，取得了显著成效。

一、三线开发结硕果

计划在全长52.1公里的海岸线开发滩涂浅海养殖和旅游业。在滩涂浅海养殖这条藤上计划结8个“瓜”，其中6个“瓜”已经成熟。一是滩涂对虾养殖，坚持个体、联营、集体、国家一齐上，由去年的7400亩发展到了11800亩，预计今年亩产量可达到75公斤。二是在10米等深线内的67万亩浅海水域发展海水贝类养殖。今年计划放养贻贝700台、扇贝100台。三是建成了1000立方米水体的虾苗室，今年育虾苗2亿尾，可获效益10万元。四是为保护海洋资源建成了500立方米水体的增殖产虾苗室，今年育苗8300万尾。五是1986年投资45万元兴建的，年生产能力为2000吨的饵料厂，实现了当年动工，当年投产，当年见效益，投产4个多月就盈利8万元。六是今年3月兴建，投资450万元，规模为700吨的水产冷库，目前土建工程基本完成，9月1日可正式投产。其余两个“瓜”，即疏通新开口渔港码头工程和水产品加工厂正在积极争取。同时，该县还采取国家、集体、个体一齐上的方法，坚持由小到大、由土到洋、滚动发展的方针，积极开发黄金海岸旅游资源，目前与旅游配套的公路、供电、供水和各种服务设施已初具规模，暑期可接待游人 100 万人。

在 35 公里长、面积为 187000 亩的山区、半山区，实行林、果、牧、矿并举。重点发展果树，去年以来新栽果树 40 万株。目前，这一地区以闻名全国的昌黎葡萄和苹果、梨、桃为主体，并朝着干鲜结合，早、晚熟结合方向发展的林果业已形成布局，花岗岩的板材、石刻、水磨石等加工业也已兴起；矿山开采也有较大发展，到目前全县开采点已发展到 41 个。

沿滦河大桥至抚宁县交界 65.8 公里的公路和铁路这条经济走廊，发展第三产业，目前走廊两侧的商业、饮食、服务业摊点已发展到 245 个，并在九龙山、十里铺、朱各庄、龙家店、县城关、张庄建设了面积不等、种类不同的集贸区域市场。去年全县市场成交额达到 7107 万元，零散税收入 307.4 万元，“七五”期间计划实现成交额 1 亿元，税收突破 500 万元。同时，加强“一城四镇八个中心乡”的建设，通过地域建设，形成纵横交错的经济网络。现在这条走廊日益繁荣，像一块磁铁，强烈地吸引着全国各地客商，前来进行贸易活动的除本省的以外，已经扩大到山东、山西、河南、北京、天津、内蒙古及东北三省等 12 个省、市、自治区。到目前，该县与外地横向联合项目达 696 项，引进资金 2867 万元。全县以走廊为依托已形成 17 个专业、综合市场和众多的流动货车、售货摊点。

二、两带治理换新颜

全长 65 公里的沿滦河带，包括 11 个乡镇，115 个村，21 万亩土地，这里生产条件较好，重点发展小牧场、小坑塘、小菜园、小果园，优化滦河沿。到现在，已建设产值在 500 元以上的高效益农田 25200 亩，其中蔬菜大棚 3000 亩；发展小菜园 4400 亩；大小坑塘 30 多个，养鱼、养鸭已全部得到利用，其中阎庄养优种鸭 700 只，并正在建设羽绒加工厂，搞鸭绒加工序列。57.8 公里长的中部沙带，是一条贫瘠带，包括 18 个乡镇，169 个村，29 万亩土地。由于受交通、生态、观念等因素的影响，多年的单一经营使农民生活水平人均在 200 元左右徘徊。该县通过考察、论证，作出了“先修路，后栽树，然后再致富”的沙改致富规划。去冬以来，实行乔灌、油果两结合，立体种植的改造模式，已初步取得效果。全县沙质地区修路88条，全长95公里；搞沙地林带419条，植树100万株，压梢行1500亩，防风控制面积1.5万亩；发展沙地果园11000亩，栽各种果树45万株；打井115眼。大田庄乡总屯二村投资9万多元，发展沙地果园560亩，打井2眼，架低压线路1100米，配置压力罐2个，铺设地下管道14000多米，结束了沙地只种花生的历史，为发展果树、蔬菜和其他作物打下了基础。

三、突出重点，大力发展乡镇企业

今年以来，该县按照“三套马车一起拉（党、政，经），四个轮子一起转（乡、村、个体、联办），乡村上骨干，户户联成片”的指导思想，大力发展乡镇企业。至5月底，全县乡镇企业已发展到9496个，其中乡办267个，村办658个，联办369个，户办8202个，从业人员达到4.7万人，形成一个具有食品工业、饲料工业、建筑建材业、机器加工、为外贸出口服务等12个门类330多个品种的乡镇企业群体。由于他们狠抓了规模经营、系列配套、增殖扩项、挖潜改造和人才的引进，使乡镇企业经济效益明显提高。截至5月底，全县乡镇企业总产值完成5094万元，比去年同期增长15.7%；给国家纳税195万元，比去年同期增长16.8%；乡镇工业企业实现利润266万元，比去年同期增长30.5%。该县大田庄乡根据“啤酒市场开发潜力大”信息的启示，办起了九龙麦芽厂。由于他们充分发挥请进能人的作用，不断改进工艺，产品质量迅速提高，一级品率达90%以上，产品供不应求。自去年8月投产到现在，已生产出大麦芽770多吨，产值达92.16万元，实现利税10.3万元，现在订货合同已超过明年全年的生产计划。

四、稳定基础增后劲

该县狠抓粮食生产，巩固和强化农业的基础地位。一是稳定粮田面积。今年全县粮田面积落实71万亩，比去年增加2.4万亩，粮食总产可突破5亿元大关。二是抓农田水利建设。全县投资59.2万元，已完成5条骨干排水沟的清淤和两大灌渠的维修配套，共完成清淤长度40.9公里，总工程量

36万方。同时，打井459眼，修坏井128眼。三是扩大集体积累。针对近年来集体积累逐年下降的不利趋势，县委提出要通过7条渠道来扩大集体积累，即大力发展乡、村企业，以工积累；充分利用劳力资源，以劳积累；发展集体林木，以林积累；租赁、承包集体资产，收取承包费，以物积累；收农民承包土地款，聚户积累；开拓民间资金市场，搞资金信贷，利息积累；利用资源优势，资源积累。用这些积累来搞农田水利基本建设，改善农业生产条件，为农业的稳步发展增强后劲。

五、工业生产迈大步

该县确定今年县属工业企业的奋斗目标是，实现产值9000万元，利润900万元，上缴税金700万元，增长速度分别为12.7%、50.3%和7%。为实现这一目标，他们采取了以下措施：一是采取目标分解，逐级落实责任的办法，把指标分解落实到企业，企业再将指标分解，落实到车间、班组。二是根据企业经营和市场情况，抓产品的适销对路。从全县54种主要工业产品中筛选出16种适销对路产品和出口创汇产品。三是抓“三线六点”，带动全县工业发展。“三线六点”是：食品工业、建材工业、外贸出口加工三条线和铸钢厂、轴承厂、烟煤矿、棉织厂、针织厂、化肥厂等6个重点企业。为抓好“三线六点”，主管县长牵头，各主管部门包线定点。今年已召开三次现场办公会，为这些企业加油鼓劲，解决存在问题。到5月底，“三线六点”企业共完成产值2490万元，为县属工业的68.9%；实现利润293.1万元，为县属工业的89.3%；上缴利税289万元，为县属工业的81.2%。县化肥厂去年亏损186.7万元，到今年5月底已实现利润47.2万元。四是抓了企业的挖潜改造。县糖厂味精车间去年投资22万元进行扩建，使谷氨酸生产能力由100吨扩大到300吨，通过加强投产后的经营管理，坚持目标日核算制度，三个月就收回了全部投资。五是抓“双增双节”运动。年初，该县制定了工业企业车间经费和企业管理费可压项目限额指标，明确了企业两费的压缩范围。到5月底，经委系统两费支出247万元，占全年控制指标的39%，比去年同期节约10万元。同时，该县还扩大了原材料节约奖的范围，调动了企业的积极性，到5月底，全县29种主要计划产品原材料消耗比去年有所下降，可比产品成本比上年下降1.4%。由于采取以上措施，全县工业企业1月至5月完成工业产值4357.6万元，比去年同期增长18.1%；完成利润328.4万元，比去年同期增长21.5%；销售收入完成4082万元，比去年同期增长20.8%。

六、商业改革有起色

一是对小型企业进行了股份制经营和投标承包改革探索。蔬菜公司戏院街商店实行股份制经营，1月至5月完成销售额50.3万元，实现利润3.5万元，分别比去年同期增长103.6%和52.2%。日用工业品公司中海商店实行投标承包办法，1月至5月份完成销售额15万元，实现利润0.8万元，分别比去年同期增长183%和300%。二是对大中型企业进行超利润分档分成改革试点。方法是，以前三年平均利润为基数，逐年递增5%～8%，超基数5万元为一档次，超计划利润55%上交国家，25%留给企业，20%作为个人奖励。县五金公司和糖酒公司实行这个办法，都收到了较好的经济效果。1月至5月，五金公司商品销售达918.2万元，比去年同期增长73.5%；实现利润47.4万元，比去年同期增长171%。糖酒公司完成销售额593.7万元，实现利润32.4万元，分别比去年同期增长44.1%和83.1%。试点改革的成功，促进了全县商业的发展。截至5月底，全县国合商业完成纯购进5362万元，比去年同期增长63.9%；纯销售8824.1万元，比去年同期增长27.1%；完成商品零售总额10491万元，比去年同期增长17.8%；实现利润319.1万元，比去年同期增长34.5%。

七、转变作风，加强领导

昌黎县实施《发展战略》半年多的时间，发生如此明显的发展变化，是县委、县政府认真贯彻中央〔1987〕1号文件，落实省、市委指示，加强领导的结果。他们在领导作风上，强调少说空话，多办实事，深入实际，现场办公，解决问题。县委、县政府经过调查，发现乡镇企业面临一些新的难题，不及时解决这些问题，势必影响发展。县委、县政府主要领导同志，便带领县直有关部门负责人，逐工委、逐乡进行现场办公、广泛听取意见，当场拍板解决问题115个，拟定新上项目88项。为发挥县以下中层决策以及退居二线老同志的作用，他们召开了中层干部座谈会、退居二线老干部座谈会，听取他们的意见，并安排他们适当的工作，使一线、二线同志同敲一面锣，同唱一台戏，使二线干部余热生辉。县委在反对资产阶级自由化的斗争和对几年思想政治工作的反思中，觉察到了思想政治工作薄弱给经济工作带来的影响，县委和基层各级党组织普遍加强了思想政治工作的领导，县委抓工委和县直单位，工委抓乡镇，县直局行抓厂、矿、公司。县委还制定了干部培训制度和监督检查制度，对全县政工队伍进行了调整和补充。所有这一切都有力地保证和促进了全县经济工作的健康发展，加速了《发展战略》全面实现的进程。

1987年6月

开放和开发给经济发展增添了活力

——昌黎县实施“两个战略”的调查

最近，昌黎县被国务院列入新的对外开放区和黄淮海平原开发区。为了珍惜这一机遇，并不失时机地抓住它，该县从本地实际出发，对实施沿海地区经济发展战略和黄淮海平原开发战略进行了深入的学习讨论和周密、具体的部署，并已开始组织实施，出现了抢先起步、率先发展的好势头。

提高认识，增强紧迫感。昌黎县把中发〔1988〕1号文件、中办第1期通报和沿海地区对外开放、黄淮海平原开发会议，当作中央一次又一次向他们发出的动员信号，先后召开县委常委会、常委扩大会、五套班子成员会、政治协商会和老干部座谈会，结合本县实际，认真组织学习，研究贯彻落实，从而统一了全县各级干部的思想，增强了发展外向型经济、参与国际经济大循环和搞好开发开放的紧迫感。同时，经过深入讨论，找出了与开发、开放新形势七个不相适应问题：一是思想观念和心理意识不适应。思想还不够解放，胆子还没有放开，开放、创新、效能和竞争意识不浓，新的价值观念还没有从根本上树立起来。二是经济基础与开发、开放县的地位不适应。经济实力薄弱，乡镇企业和县属企业起步晚、素质低，经济、技术、设备等基础差，出口创汇产品少。三是干部队伍素质和科技力量不适应。全县干部队伍素质较低，工作作风、工作节奏、工作效率都亟待改进和提高，各类专业技术人员和管理人才匮乏，培养、引进各种人才已成为当务之急。四是劳动力素质现状不适应。五是能源、交通、通信、环境、设施等硬环境基础不适应。电力、原燃材料紧张，交通、通信条件差，已成为影响经济发展的巨大障碍；城镇和黄金海岸的基础建设、环境卫生、绿化美化、公共服务设施等还远不能满足人们的需要，不论是搞旅游开发，还是搞经济开发，还缺乏足够的吸引力。六是软环境建设不适应。国家给予的优惠政策尚有待具体化。县内原有的一些制度规定，已不符合开发、开放新形势发展的要求，过去沿用的管理体制和管理方法不利于开发、开放事业顺利发展。面对上述不适应，更加增强了紧迫感。为了解决不适应问题，县委作出了具体的安排和部署，并形成《纪要》发至全县。同时，利用广播、电视、板报等宣传工具进行广泛宣传，动员全县广大党员、干部、职工、农民群众认清形势，积极行动起来，为昌黎的经济开发和开放作出贡献。

明确近期目标，抓好宏观决策。该县本着立足长远，狠抓当前，有计划、有步骤地实施开发、开放战略的原则，确定了今年经济工作的奋斗目标，即抓好两个重点、三个环节、四个专项建设。两个重点是：第一，认真组织实施沿海地区经济发展战略。以黄金海岸旅游业为窗口，由内向外，以内带外，内外结合，从小到大，从低到高，从近到远，实行多层次、多渠道滚雪球式的开放。既搞旅游开放，又搞养殖业、加工业、纺织电子业开放；既搞经济开放，又搞文化开放。瞄准国内、国外两个市场，调整产业结构和经济布局。第二，积极落实黄淮海平原开发战略。以“沙地改造”为突破口，以农业商品化为重点，有计划、有步骤地搞好平原开发。一是改造沙地低产田，建立花生果品生产基地，力争比去年增加效益2500万元。二是改善生产条件，建立粮食生产基地，力争比去年增加效益6000万元。三是搞好沿海滩涂开发，建立水产品生产基地，坚持捕养并举，搞好虾苗孵化、饵料生产、冷藏储运、加工销售，提高配套水平，海淡水养殖扩大到5万亩，力争比去年增加效益2843万元。四是发展生猪及草食畜禽生产，建立肉食基地，制定优惠政策，鼓励农民发展规模养猪。三个环节是：第一，用经济发展战略的观点深入改革农业结构。因地制宜地规划好小麦、水稻、玉米、甘薯、花生五个商品粮油基地。优化粮食生产，提高商品率；调整农林牧副渔和工商建运服务业之间的比例关系，使各业结构进一步趋向合理，协调发展；加强区域经济建设，充分利用全县资源优势，按照“三线（即海岸，山区、丘陵，公路、铁路三条线）开发，两带（沿滦河带、中部沙带）治理，突出重点（即乡镇企业），稳定基础（即农业）”的经济发展格局，实行集约经营，提高商品生产的专业化、社会化程度。第二，围绕实施经济发展战略，推进全县适度规模经济的进一步发展。扩大水产、水果、蔬菜、野生动物养殖、农产品加工等五大系列生产经营规模，形成拳头，提高效益，今年产值力争达到4.3亿元；强化地毯挂毯、服装鞋帽、餐具磨光、食品加工等四个生产群体，完善配备，加快乡镇企业发展步伐，产值力争达到7000万元；狠抓建材工业、食品加工、外贸出口加工等三个生产系列，发展县属工业，产值力争达到7000万元。第三，围绕出口创汇，大力发展劳动密集型产业。立足现有条件和优势，优先发展六类创汇产业。一是手工业品加工。突出抓好服装鞋帽、地毯挂毯、餐具磨光、柳编草编等项目加工，以县办鞋厂、服装厂、地毯厂为龙头，向农村伸展扩散，形成企业群体，进而形成企业集团，扩大规模，提高产品档次，增强竞争力。二是农副产品加工。突出抓好玉米、花生、大豆、红小豆等生产，发展粮油出口，并由初级产品出口逐步转向高档次加工出口。三是轻工、食品加工。突出搞好元鱼酒，干红、干白葡萄酒和果脯的生产，并下力气开发一些新产品，打入国际市场，改变品种单一状况。四是畜禽产品及其加工。千方百计引进技术，引进优良品种，发展养貂、养牛、养羊等，并着手研究畜禽肉食加工和裘皮加工，走养殖、加工、出口系列配套综合经营的路子。五是水产品及其加工。突出抓好水产养殖、捕捞、冷藏、储运、加工的配套设施建设，让更多的产品打入国际市场。六是花岗岩板材加工。把这一资源优势变成产品优势，打入国际建材市场。目前，全县创汇厂家已达66家，去年出口商品收购总值达2400多万元，创汇512.6万美元，留成额度为64万美元；今年预计可创汇564万美元，留成额度可达70万美元。四个专项建设：一是投资350万元搞好以碣石山市场为重点的市场群体建设；二是投资700万元搞好以滩涂养殖为主的万亩国营养虾场的建设，今年完成一期工程，建虾场5000亩；三是搞好中日合作经营为主的花岗岩板材厂建设；四是搞好以横向联合为主的旅游区新型建材商品房建设。增强吸引力，使旅游业真正成为全县发展外向型经济的一个窗口。

精心组织，加紧工作。为了有效地组织实施沿海地区经济开放和黄淮海平原开发发展战略，该县紧密联系实际，层层抓紧制订规划和措施，县里已组织专门班子着手研究制订经济开发、开放战略方案，以及人才发展、小城镇建设等规划。各乡镇、各部门也都根据本地区、本部门情况，研究制订切实可行的规划和措施。为了促进两个文明建设的同步发展，县主要领导分工包线，重点建设项目明确责任，落实到人。由于领导重视亲自抓，各项工作出现了好的势头。黄金海岸，新型建筑材料商品楼正抓紧建设，焦庄疗养区正在完善，并逐步向南推进。县鞋厂出口布鞋改造工程已经施工，建成后可年产出口布鞋250万双。万亩国营虾场一期工程抓紧作业，“五一”前可望搞完并投入使用。两个中外合资项目，签订了合同并正在筹备建厂。其中十里铺乡与日本合资560万元兴办的中日凤凰石材有限公司，预计今年10月建成投产，投产后可年产花岗岩石板4万至5万平方米，年产值可达1200万元，实现利税500万元以上，年创汇240万美元；昌黎葡萄酒厂与中国粮油进出口公司、法国鹏利公司合资700万元兴办的华夏葡萄酿酒公司，建成投产后，生产的干红、干白葡萄酒主要销往国外，年产值可达到2000万美元。

昌黎县实施沿海地区经济发展战略和黄淮海平原发展战略，行动快，步子稳，工作实。照此坚持下去，是大有希望的。从昌黎县的县体做法，联想我省最近有一批地、市、县被列入黄淮海开发区和新的对外开放区，建议这些地方在当前起步阶段注意抓好以下工作：

（一）进一步解放思想，开阔视野，转变旧观念，增强紧迫感。立足于抓紧时机，尽快行动放胆去干，不能贻误时机。

（二）要从本地实际出发，通过广泛深入的调查研究，制订切实可行的开发、开放规划。明确发展目标，选准主攻方向和突破口，研究保证措施。组织带领干部群众有计划、有步骤地实施，在实际工作中力求避免盲目性。

（三）要下力量研究政策，用足用好政策。中央给开发、开放地区规定了一系列优惠政策，其中包括对开发区优惠投资贷款，对开放区下放引进外资审批权、减免进出口关税、简化出入境手续等，一定要很好研究，做好宣传，把这些优惠政策用足用好用活，加快开发、开放步伐。

（四）开发、开放地区要处理好同其他地区的关系，应当进一步发展横向联合，依托这些地区的资源、资金、技术，加快开发、开放；同时，带动这些地区的经济发展，为这些地区的资源开发、科技进步和出口创汇，提供“窗口”和服务。

1988年4月

昌黎县抓农业和农村工作的办法值得总结借鉴

——关于昌黎县农业和农村工作情况的调查

最近，我到昌黎县了解情况，在县领导同志的陪同下，经过安山、靖安、虹桥等乡镇，察看了县城西南大面积长势良好的麦田、一片片种植精细的菜田和塑料大棚菜。公路两旁“双千田”苗齐苗壮，沙地改造庄稼长势喜人。不少村庄菜农正在收获大头菜，用网袋装上汽车、拖拉机，准备运往城里销售。引滦（河）灌区农民正在插秧。春天季节的农村呈现一派繁忙的景象。随后县委、县政府的领导同志向我介绍了情况。从所见所闻，感到昌黎县对农业和农村工作的一些做法，值得其他地方借鉴。

从县情出发，理顺思路，明确方向。昌黎县是一个以平原为主的农业县，也是全国粮食基地县和河北省“两高一优”农业示范县。县委、县政府从这个县情出发，充分认识到在经济实力不是很强的情况下，必须坚持扭住农业这个基础不放，紧紧围绕农村经济的增长点作规划，定措施。几年来，他们牢固树立农业基础地位的思想，坚持把农业特别是粮油生产放在农村工作的首位，并带动其他各业的发展。他们在全县范围内组织振兴农业和农村经济的大讨论，对县情特别是农业资源进行重新再认识，发挥优势，扬长避短，使农业资源得到有效配置，并逐步转变为商品经济的优势。在统一全县上下思想认识的基础上，县委、县政府去年年初提出了“一带治理、两线开发、三业并举、四区起飞”的经济发展战略。一带治理，即综合治理全县29万亩的沙地；两线开发，即搞好黄金海岸和205国道沿线的经济开发；三业并举，即工业、农业和第三产业的协调发展；四区起飞，即城区改造和碣石山旅游区、城东经济技术开发区、北部水果区的建设。按照上述经济发展战略，他们结合本县农业资源、地域、现状特点，确立了稳定发展农业、繁荣农村经济、推动县城发展的具体措施，即围绕小康建设这个中心，促进乡企、林、水、沙、渔、牧、科技与服务的全面发展。在确立经济发展战略和工作重点的基础上，该县按照因地制宜的原则，又制订了小康村建设总体规划和1994年实施方案。总的规划目标是1997年全县444个行政村实现小康村，1994年抓两头促中间，一年抓100个小康村建设，一年抓100个贫困村的转化。县成立了小康建设领导小组和农村八大工程实施领导小组。领导小组下设办公室，专门负责各项工作的组织实施。县长实行分工包片，深入所包乡镇帮助解决实际问题。按照分级负责、归口管理的原则，农村八大工程项目涉及哪个部门，由哪个部门全力负责组织实施。为实现小康村建设规划目标，目前该县已从县直抽调200人，组织小康工作队，进驻了100个贫困村，开展帮带工作。

加强市场建设，积极尝试贸工农、产加销一条龙路子，大力发展“龙”型经济。昌黎县境内205国道沿线是一条经济走廊线，依托这条走廊线振兴经济并带动腹地发展，是该县多年已达成的共识。他们围绕这条线大做文章，抓了批发市场、农贸市场和贸易货栈的建设，先后投资1416万元，兴建了蔬菜、面粉、粉条、水产品、水果、汽车等7个专业批发市场和碣石山市场，兴建扩建了20个中小型农贸市场，建各类农贸货栈274家。全县市场建筑面积达到13.5万平方米，经营摊位达14853个。目前他们正在争取与国家内贸部联合成立吃、住、行、买各种设施齐全的北方大型综合批发市场。准备一期工程采取国家内贸部、地方政府和招商集资的方法，投入6000多万元进行建设。此外，该县以市场为导向，以本地资源为依托，以当地农户为主体，积极尝试贸工农、产加销一条龙路子，使全县初步呈现出了市场引导龙头、龙头带动基地、基地联系农户的新格局。一是以面粉厂、挂面厂为龙头，25万亩小麦为基地，9万个农户为主体的小麦生产、加工、销售一条龙。二是以粉丝厂为龙头，7.5万亩白薯为基地，3.5万个农户为主体的白薯生产、加工、销售一条龙。三是以罐头厂、果品贸易公司和货栈为龙头，10万亩果树为基地，3.8万户果农为主体的果品生产、加工、销售一条龙。四是以水产品批发市场、水产公司和仓库为龙头，以新开口海港为中心，52.1公里海岸线为基地，0.9万个渔业户为主体的水产品捕捞、养殖、加工、销售一条龙。五是以外贸公司为龙头，沿滦河50个养牛村为基地，0.35万个农户为主体的肉牛生产、销售一条龙。六是以肉鸡加工厂和冷冻厂为龙头，19个养鸡厂为基地，400个养鸡专业户为主体的肉鸡养殖、加工、销售一条龙。七是以外贸企业为龙头，45万亩玉米、花生为基地，9.5万个农户为主体的玉米、花生生产、加工、销售一条龙。八是以蔬菜批发市场为龙头，10万亩蔬菜为基地，5万个农户为主体的蔬菜生产、加工、销售一条龙。九是以外贸企业为龙头，6万亩基地，1000个农户为主体的草柳编生产、加工、销售一条龙。目前这些龙头企业已经初步形成小加工、大规模，小企业、大群体的经营格局，他们一头连着市场，一头连着千家万户，带动了一个农产品基地，搞活了一方经济，较好地实现了农业和农村经济与市场的有效对接。

围绕农村致富奔小康，全力推进八大工程建设。一是乡镇企业工程。今年以来他们狠抓投入新上项目，在国内资金短缺的情况下，眼睛向外，利用外资；实行股份制，搞横向联合。发挥合作基金会作用，增加投入资金1000万元。他们本着“多轮驱动”的方针，大力发展个体私营经济，使私营经济占乡镇企业比重已达50%以上，并涌现出了运输大户于俊龄和靖安个体电冰箱厂那样初步形成规模的私营企业。经营运菜业务的运输大户于俊龄，现拥有汽车60多辆。个体私营饭店、商业服务发展也很快，其中黄金海岸已发展近80户，县城发展近100户。固定资产有的达几十万元，甚至上百万元，经营规模较大的年平均盈利可达10万元以上。此外，他们还狠抓了乡镇企业工业小区的建设。城南、东牛栏、一蓦河、草粮屯等工业小区已初具规模。大蒲河、茹荷、朱各庄、虹桥等新开发的工业小区，也都逐步摆上了项目。据统计，1月至5月，全县乡镇企业新上技改项目101个，完成总投入7000万元；全县乡镇企业实现产值73044万元，总收入63989万元，利润5129万元，税金1357万元，分别比上年同期增长54.6%、61.3%、53.2%和0.52%。二是海上昌黎工程。昌黎县有52.1公里的海岸线，浅海适合养殖的面积达67万亩，是昌黎耕地面积的70%。他们借鉴山东省的经验，去年大胆提出了“再造海上昌黎”的发展战略，决定开发浅海养殖项目，将资源优势转化为产业优势。出台了关于浅海养殖的优惠政策，采取了国有、集体、个体一齐上的方针。经过去年的实施，收到了显著效果。去年全县水产品总量15656吨，其中海洋捕捞产量7905吨，扇贝养殖产量264吨，滩贝管养产量2781吨，对虾养殖产量258吨，淡水渔业产量357吨。有的沿海乡渔民正从捕捞型向养殖型转化。今年该县进一步加速海上昌黎工程建设的步伐，并有了新的发展。到目前，全县淡水养殖已发展到6700亩，对虾养殖面积达到1.2万亩；落实浅海开发面积16130亩，其中筏式扇贝养殖1130亩，底播养殖面积5000亩，管护增殖面积10000亩。全年计划完成水产品总量23400吨，实现渔业产值10940万元。三是林果建设工程。昌黎县是著名的花果之乡，具有较大的发展林果潜力和优势。今年以来该县大搞植树造林，扩大果树面积。完成植树造林面积7930亩，使全县有林面积达到26.58万亩，森林覆盖率达14.61%。在原有8万亩果树面积的基础上，今年又新建果园面积1.25万亩，完成老果树更新改造7000亩。经过努力，计划到1997年果树面积扩大到20万亩。四是“两高一优”农业工程。由于该县注意投入，改善生产条件，实行科学种田，搞好以销售、加工为龙头的社会化服务，促进了“两高一优”农田建设的稳定发展。今年全县“两高一优”农田总面积达到23.93万亩，比上年增长8%，其中“双千田”15.39万亩，吨粮田6.78万亩。“双千田”建设实现了八种种植模式和种植区域。一是以县城附近钱庄子乡和西沙河乡为代表的小拱棚甘蓝—春玉米—秋菜花（秋芹菜）的粮菜套种城郊型区域；二是沿滦河的新集镇、皇后寨乡为代表的大蒜套种玉米，再套种大白菜（或秋菜花）的沿滦河粮菜套种复种区域；三是以中部沙地乡镇为代表的地膜土豆套种玉米，下茬复种大白菜（或秋菜花）的中部沙地粮菜复种区域；四是以泥井镇为代表的麦套花生，下茬套种大豆的沙地粮油套种区域；五是以南部茹荷乡为代表的春玉米套种秋架豆的沿滦河粮菜套种区域；六是以新集镇和泥井镇为代表的地膜青椒套种春玉米模式的区域；七是城关镇越冬菠菜和玉米连作区域；八是马坨店、崖上等稻区乡镇为代表的水稻插前利用区域。随着地膜覆盖、塑料棚膜种植效益的迅速提高，广大农户地膜种植积极性空前高涨。据统计，今年全县地膜覆盖和各种棚膜总面积达26.41万亩，比去年增长了34.7%。完成大中小棚及温室面积16.3万亩，地膜（包括小棚）24.77万亩，其中地膜土豆3.2万亩，地膜花生15.95万亩，其他地膜5.62万亩，并涌现出

13 个万亩地膜覆盖乡镇和 98 个千亩地膜覆盖村。五是畜禽养殖工程。该县大力发展以猪、牛、鸡为主的畜禽养殖，畜禽养殖结构不断优化，食草节粮创汇型畜禽发展迅速。今年一季度统计，全县猪只存栏 15.86 万头，出栏 4.9 万头，分别比上年同期增长 2.3%和 15.3%；牛存栏 5.03 万头，出栏肉牛 6478 头，分别增长 37.8%和 2.35 倍；鸡只存栏 103.29 万只，出栏 21.9 万只，分别增长 25.7%和 74.6%。全县肉、蛋、奶产量分别达到 2854 吨、1621 吨和 1257 吨，其中蛋、奶产量分别比去年同期增长 2.1%和 35.6%。计划今年实现肉牛饲养量 9 万头，猪饲养量 38.3 万头，家禽饲养量 232 万只，完成畜牧总产量 15720 万元。六是沙地改造工程。全县综合治理 29 万亩沙地改造任务，几年来已完成了 12.8 万亩。今年计划完成项目改造 2 万亩，常规改造 3 万亩，重点是在沙地上打井、植树、办电、修路，改善沙地基础条件，目前这项工作正在组织实施中。七是农田水利建设工程。实行县、乡、村、户一齐上，多层次、多渠道筹措资金，千方百计增加投入。去年全县用于农田基本建设资金达 548.05 万元，其中乡、村、群众自筹 465.87 万元，占 85%，投入劳动积累工 184.1 万个工日。全县共有机井 14251 眼，各类水库 10 座，引滦灌渠 1 条，地下管道 27.81 万米，半移动喷灌 0.2 万亩。全县有效灌溉面积达到 67.14 万亩，占耕地面积的 71%。在此基础上，今年内再计划新打井 700 眼、修旧井 400 眼，实现机井配套 350 眼，发展节水灌溉面积 7000 亩，新增和改善灌溉面积 5.75 万亩。不断改善农业基础条件，为农业和农村经济发展奠定坚实的基础。八是社会化服务工程。重点是建立和完善产前、产中、产后各类服务组织。今春在钱庄子乡刘李庄村创办了“经纪人协会”，已吸收会员 44 名，协会担负全村蔬菜销量的 80%，很受群众的欢迎。今年还准备在新集镇新庄子村、昌黎城关附近推广办“经纪人协会”的经验。截至目前，全县各级各类服务组织已达到 4816 个，其中县级 370 个，乡镇级 517 个，村级 3580 个，联户和个体 346 个。年内计划再增加各类服务组织 100 个，为农民致富奔小康发挥更大的作用。

（原载 1994 年 6 月 23 日市委办公室《办公室通报》）

昌黎县实施经济发展战略不断取得新进展

近两年来，昌黎县委、县政府认真组织实施“三线开发（即山区、走廊、沿海三个线状区），两带治理（即中部沙带、沿滦河带），突出重点（即乡镇企业），稳定基础（即农业）”的经济发展战略，并在实践中按照国务院实施沿海地区经济发展战略和黄淮海平原开发战略的要求，不断补充完善，取得了明显的效果，为全县农村经济向商品化、现代化转移打下了坚实的基础。1988年，全县社会总产值达到78500万元，比上年增长16.8%；工农业总产值达到65003万元，比上年增长21.8%；国民收入达到41312万元，比上年增长24.7%；财政收入达到3828万元，比上年增长13.4%。农业在遭受严重自然灾害的情况下，仍然获得较好收成，粮食总产量达到4.8亿多斤。农民人均收入达到633元，比上年增长25.8%。

他们实施战略取得较大进展的主要标志：

一、农村经济稳步发展，产业结构趋向合理

昌黎县委、县政府抓住有利时机，把《经济发展战略》纳入黄淮海平原开发和粮食基地县建设的轨道，以基础建设促进农村经济的发展。一是按照“绝不放松粮食生产”原则，因地制宜地规划和建设了小麦、玉米、水稻、甘薯、花生五个商品粮油基地，其中小麦、水稻、玉米三项骨干作物占全县粮食总产量的75%，使全县种植业结构进一步趋向合理。二是总结推广总屯二村铺设地下管道、实现立体经营、多茬种植和党各庄造林治沙的经验，狠抓以沙改为重点的中低产田改造，使一些地区的生态环境得到了改善。三是进一步调整大农业结构，促进了农林牧副渔、工商建运服各业协调发展。1988年全县工程造林面积达到2.9万亩，其中发展荒山、丘陵沙地果园1.6万亩，全县果品总产量达到2000万公斤。猪、牛、羊、鸡年末存栏分别比上年增长19.9%、37.4%、9%和7%。农副产品加工和商品总量分别比上年增长14%和17%。全县乡镇企业已发展到10281个，总收入27174万元，总产值30337万元，实现利润3337万元，分别比上

年增长 41.7%、38.9% 和 17.3%。全县已有 6 万名农村剩余劳力转移到非农产业。水产品总产 642.1 万公斤，比上年增长 8.4%。四是农村适度规模经营有了较快发展。水果、水产、蔬菜、野生动物养殖、农副产品加工五大系列，已成为农村经济的五大支柱，总产值达到 2.3 亿元，比上年增长 30%，相当于现价农业总产值的 66%。同时出现了“双田制”（口粮田和租赁田）、家庭小农场、小果园、集体农场等多种形式的适度规模经营。五是开展种植业技术革命，提高土地投入产出率。1988 年全县高效益农田已发展到 11 万亩，平均亩产值都在 650 元以上，并涌现出一批“粮食亩产超千斤、产值超千元”、以种植业致富的典型。

二、工业生产稳步增长，经济效益不断提高

他们按照“两权分离”的原则，在全县工业企业大力推行并不断完善承包经营责任制。同时，狠抓优化劳动组合，搞好内部分配，实行企业兼并的改革试点工作，进一步激发了企业的活力。多数企业在原燃材料吃紧而且大幅度涨价的情况下，眼睛向内，挖掘潜力，在减少物化劳动投入的情况下发展生产，实现了速度、效益的同步增长。1988 年全县工业总产值和实现利润分别比去年增长 47.3% 和 50.2%。啤酒厂、棉织厂、葡萄酒厂、水泥厂实现利润突破百万元大关。

三、经济开发成绩喜人，生产领域不断拓宽

他们依托全长 52.1 公里的黄金海岸，开发旅游业和浅海滩涂养殖业及其配套设施建设。去年沿海一线进户开发单位达 75 家，引进资金 3858.5 万元，各类服务设施、摊点 307 个，接待游客 120 万人次。滩涂对虾养殖，坚持个体、联营、集体、国家一齐上，面积已达 1.6 万亩，总产 570 吨，5000 亩国营虾场实现了当年建设，当年投产。建设 1000 立方米水体虾苗室、2000 吨饵料加工厂、700 吨冷库各 1 座，解决了养虾苗种、饵料、技术、加工、储藏、销售等困难，为今后的沿海开发打下了基础。沿滦河大桥至抚宁县交界的 65.8 公里的公路和铁路这条经济走廊，市场建设、开发加工带建设和小城镇建设有了进一步发展。目前这条走廊沿线各类摊点、企业

已发展到350个；以碣石山市场为重点的市场群体，已有6个交付使用；5个外向型和加工型企业正在筹建。在35公里长、面积为18.7万亩的山区、半山区，积极发展林果业、花岗岩及砂石开采加工业。营造经济林7840亩，加上原有的4.2万亩，已达5万亩，果品产量2000万公斤，砂石加工企业已发展到56个。全长65公里的沿滦河带和57.8公里长的中部沙带，以改善生产条件和生态环境为重点治理工作，取得了可喜成绩。沙地打井125眼，修路118.6公里，架设低压线路27.32公里，铺设地下输水管道50公里，植树238万棵，压梢行16万条，发展沙地果园16058亩。交通、生态环境的改善，给这条贫瘠带经济发展带来了生机。沿滦河带，高效益农田、暖棚细菜种植及食草畜禽养殖已形成规模经营。全县暖棚细菜已发展到12000亩，其中阎庄乡就达1100亩，亩产值3000元，纯收入2000元，最高的达到1万元。此外养鸭、养鹅达到20万只，作物栽培面积21000亩，使滦河地带综合经济效益不断提高。

四、对外开放开始起步，出口创汇能力逐步增强

去年这个县被国务院列入沿海对外开放县之后，该县注意把实施发展战略和对外开放紧密结合。及时研讨论证，制定了发展外向型经济规划纲要及具体实施方案和优惠政策，狠抓了外向型经济的起步工作。立足于现有出口产业、行业、企业，调整产品方向，扩大出口创汇能力。1988年，全县外向型企业已发展到90个，出口产品已达39种，布鞋、地毯、板栗、肉牛、花生等品种出口能力大幅度增加，毛巾、床单等新开发产品也开始打入国际市场。1988年全县外贸收购总额达到4154万元，比上年增长143%。城东1.1平方公里开发小区已作了整体规划并着手建设，十里铺乡与日本合作经营的凤凰石材有限公司已完成土建工程，县葡萄酒厂与中国粮油食品进出口公司、法国鹏利有限公司合资兴建的华夏葡萄酿酒有限公司也开始破土动工。为加快外向型经济的发展，该县以深圳、秦皇岛经济技术开发区和黄金海岸作为对外开放的3个“窗口”，多方收集经济技术信息，积极寻求国内外合作对象，促成横向联合项目80个，协进资金3800万元。同时，还与黑龙江省东宁县、沈阳市和平区、天津市和平区、

石家庄市长安区建立了友好县区，为发展新的联合与协作，打下了基础。

为了进一步推动全县经济发展战略的实施，昌黎县委、县政府在总结过去工作的基础上，对照中央、省、市农村工作会议的要求，认真查找了存在的问题：一是经济发展布局出现了“农业腿短，工业腿长”的倾向。财政用于农业的支出呈逐步下降的趋势，由1980年的85万元，下降到1987年的26.5万元。到1987年，全县县以上固定资产投资5185万元，其中工业占55.4%，比1980年增长9倍多；农业只占3.4%，比1980年下降59.2%。二是集体经济和个体经济发展不协调，集体经济“腿细”，个体经济“腿粗”。1980年全县集体资产积累为8111万元，1985年下降到6348万元，直到1987年仍呈下降的趋势。1988年集体资产积累长期“滑坡”局面开始扭转，但要达到历史最好水平，还需做大量工作。三是农村基层组织对农业生产的组织、服务功能发挥得不够。乡镇干部大部分精力用于计划生育、催粮纳款、调解各种纠纷，致使抓全局、抓经济发展不力。五是干部和群众关系日趋紧张。六是部分农民在耕地上搞多种经营，单纯追求经济效益，造成了粮食面积下降，导致粮食生产徘徊不前。

针对存在问题，县委、县政府召开不同层次、不同形式的座谈会，讨论研究了解决问题的具体办法，确定了“改造工业，加强农业，稳定第三产业”的1988年农村工作总的思路。计划粮食总产量达到5.14亿斤，比上年增长5.9%；花生总产量1740万斤，比上年增长12.8%：农业总产值达到2.12亿元，比上年增长5%。主要措施：一是围绕调整农业内部结构，建立生态农业。把林业放到先导地位，继续完善沙地林网建设，发展平原林带。计划全年造林31915亩，其中沙地造林15000亩。大力发展养猪，推广快速育肥法，年末猪只存栏力争实现15万头。利用沿河、坑塘水面，养鹅、养鸭，搞饲养到加工的综合利用。搞好水果贮藏、果汁加工、淀粉加工和生产高档粉条等农副产品的加工增值。利用坑塘、浅海、滩涂，发展渔业生产，并不断提高河蟹、贻贝、对虾等海、淡水产品养殖的产量和质量。二是围绕出口创汇，发展外向型农业。改变水果品种结构，引进和扩大新的出口品种，使出口能力达到500吨，芦笋栽种面积发展到5000亩。

小柳编等传统出口品种增加花色，提高产量，不断扩大出口能力。三是围绕提高经济效益，搞好集约经济，积极推广地膜玉米栽培模式，发展山地小果园和庭院经济。四是围绕市场需求，调整种植结构。利用晚茬和冬闲空地，发展大面积蔬菜生产，总面积争取达到6.5万亩，利用山地丘陵发展早熟杂果，新增面积力争达到4000亩；利用沙地发展甘薯生产，总面积力争稳定在15万亩。五是进一步巩固和完善家庭联产承包责任制。按照“群众自愿，因地制宜，分类指导”的原则，引导农民建设以家庭经营为主体的小农场、小林场、小果园、小菜园，发展“双田制”（口粮田和租赁田）和集体农场，实行多形式、多层次的土地适度规模经营。六是继续建立健全农村合作经济组织，增加全县现有2693个各类合作经济组织的服务功能，提高服务质量，切实把一家一户办不了或办不好的事情抓起来，为夺取农业丰收提供服务和保障。六是抓好农业投入，增加农业发展后劲。用好各级对粮食生产基地县和黄淮海平原开发项目所拨的740万元专款，搞好对中低产田的改造，接收好世界银行组织给予的8275.4万元的贷款，用于水产、水利、良种繁育和科技设施的建设；县里通过八条积累渠道，千方百计筹措资金，为农业投入提供条件。七是加强土地管理，培养地力，搞好基础建设。1989年全县计划改造沙地3万亩，实行沙地造林、打井、办电、修路，改善沙地生态环境，挖掘沙地生产潜力。八是加强对农村工作的领导。各级党政一把手集中精力抓农业，各有关部门、各行各业，从本部门、本行业实际出发，采取多种措施，支援农业，扶持贫困乡村发展商品生产。各级党委发挥政治上的优势，加强农村思想政治工作，抓好精神文明建设，为深化农村改革、大力发展农业打下良好基础。

1989年3月

分析形势　研究对策
昌黎县切实加强对农业生产的领导

最近，我就了解当前农村经济发展情况到昌黎县进行调查。听取了县委和有关部门负责同志的汇报，实地察看了粮食超千斤、产值超万元的刘李庄高效益农田和铺设地下管道、实现立体经营的大田庄乡沙地改造等现场。总的感觉是，昌黎县自中央、省、市农村工作会议之后，联系本县实际，落实会议精神，措施比较得力，工作比较扎实，成果比较明显。全县主要作物种植计划已全部落实到村，落实到户，大田播种在旱情比较严重的情况下基本完成，小麦长势较好，夏粮丰收在望。乡镇企业在困境中进一步得到了发展。到4月底统计，全县乡镇企业总收入完成7607.33万元，比去年同期增长25.7%；总产值完成6823.2万元，比去年同期增长27.8%；利润完成982.38万元，比去年同期增长28.8%；税金完成260.02万元，比去年同期增长21.5%。

昌黎县领导经过深入调查研究后认为，当前阻碍昌黎农业生产发展有四个制约因素：一是水利工程老化和毁坏严重。据统计，该县有40%的机井进入老化阶段，水浇地面积逐年减少，有些水利设施遭到了人为的破坏。二是土地逐年减少，非农占地严重。自新中国成立以来，全县土地每年以2000亩的速度递减，人口以每年2000人的速度递增。建房占地在一些地区基本失控，一些地方发展果树侵占了粮田，一些地区坟头林立，乡镇企业和沿路货栈占地较多，保护耕地已成为当前农业生产的一个严峻问题。三是森林覆盖率低。林业作为发展农业生产的一项基本建设还没有引起足够重视，植树不见林、造林不见林的状况仍然存在，土地沙化严重。四是社会治安混乱。影响着正常的生产秩序。一些地区水利电力设施和林木被盗严重，工作认真负责的基层干部被打事件时有发生。影响昌黎县乡镇企业发展有五个困扰：一是资金短缺，乡镇企业存在着严重的投资饥渴；二是企业资金周转受阻，企业与企业之间形成的“三角债”，严重影响着企业的生产经营活动；三是企业承包责任制不够完善，分配不公影响了职工积极性的发挥；四是原燃材料紧张，致使企业生产不能正常进行；五是企业管理混乱，经济效益不高。

面对农业、乡镇企业“希望和困难同在，机会和挑战并存”的形势，该县确定了“冷静思考，研究对策，坚定信心，共渡难关”的指导思想，决定采取以下对策和措施：

一是加强领导，强化认识，利用政策，为农村经济发展创造良好的环境。坚持一手抓农业，一手抓乡镇企业；利用好农业的倾斜政策和对乡镇企业一些产业、产品的保护政策，逐步实现乡镇企业促农业、农业带动乡镇企业的良性循环。

二是针对当前农业生产中存在的四个制约因素，抓好水利、林业、土地三个系统工程，资金、科技、物资投入和集体积累、社会治安等五个保障体系建设。水利系统工程，重点抓好地表水与地下水、抗旱与除涝、用水与节水、使用与维护、资金投入与劳务投入等五个结合。林业系统工程，重点植树造林扩大森林覆盖率，抑制土地沙化，发展生态农业，实现农业园田化。完善林业管护责任制，推行大户承包，发挥林业的经济效益和生态效益。土地系统工程，重点依法管理和保护土地资源，严格控制乱挖滥拉，建阴、阳宅（坟墓和住房）和果树占地，建立土地使用申报制度和补偿制度，对于不经批准、随意改变土地使用性质的行为，依法严厉惩处。五个保障体系，即建立国家、地方、集体、农户四条投资渠道的资金投入保障体系；健全县、乡、村、户四级科技服务网络保障体系；通过县农资企业生产、县社系统购进、县直部门外采、乡镇村自采、粮油挂钩供应等五条渠道，建立多渠道的农用生产资料供应保障体系；进一步完善和实施集体资产积累制度，抓好八条资产积累渠道的落实，发展乡镇村合作基金会组织，建立稳固的集体积累保障体系；本着谁主管谁负责的原则，搞好社会治安的综合治理，落实治安责任制，建立社会治安保障体系。为了使乡镇企业摆脱五个制约因素的困扰，解决好投资饥渴和信贷紧缺的问题，解决好乡镇企业之间的“三角债”、企业自我约束机制的弱化和乡镇企业原燃材料涨价、短缺等问题。对现有企业和新上企业进行选优淘劣，保高效、骨干企业，压缩亏损企业；发挥乡镇企业灵活的经营机制，实行股份制、带资入厂、集资办厂、横向联合、合资办厂，解决资金不足问题，组织力量回收1700多万元的外欠贷款，使企业从“债务链”中解脱出来。

三是适应环境，抓住机遇，搞好整顿，调整经济结构和布局。大力加强农业，积极改造和稳步发展乡镇企业。农业方面，调整优化种植业结构，实现生产布局区域化、种植结构模式化，建立北部山地丘陵林果区、城南平原城郊农业区、中部沙地花生杂粮区、西部沿河粮菜区、东部沿海稻渔区。在大区域中稳定主要粮食作物面积，建设好小麦、玉米、水稻、花生、甘薯五大商品粮基地。小区域中在发展以家庭经营为主的小农场、小林场、小牧场、小菜园、小果园、小坑塘的同时，发展集体农场，推行“双田制”（口粮田和租赁田）等多种形式的适度规模经营。为解决回流农民和部分从土地上解脱出来的农民的就业门路，引导他们投入到乡村集体企业、新型农村居住格局建筑队伍、农业生产规模经营活动、种养业科学化等农业结构改革和农业资源开发中去。调整农林牧副渔等农业内部各业的比例关系，争取五业趋近50%∶3%∶30%∶9%∶8%的比重构成。乡镇企业方面，按照巩固、整顿、提高、发展的方针，搞好企业的分类排队，坚持一类保，二类控，三类压，重点优先发展农副产品加工业、支农企业、利用本地资源企业和外向型企业。按照各自的产业政策，发挥经济杠杆的调节作用，通过资金、信贷投向的改变，引导产业结构、企业结构、产品结构的调整。在各镇和经济比较发达的乡实行产业布局、资金投向、规划布局和组织领导的四个相对集中，巩固和发展乡镇企业的成果。

四是发挥优势，注重科技，引进人才，加速资金转化，推进科技进步。在立足本地资源的基础上，最大限度地发掘、利用资源优势，不断把资源优势转为商品优势和经济优势。农业生产，在积极抓好农业常规实用技术普及的同时，有计划、有步骤、因地制宜地推广安山镇和员外庄沙地节水灌溉模式、施各庄乡林田路渠综合治理模式、钱庄子乡刘李庄大地园田化双千田模式、阎庄塑料大棚和犁湾河地膜覆盖模式、马坨店乡刘林子林业管理模式、沿海开荒种稻模式。乡镇企业，抓好产品创优和企业升级，实行科学化管理，与大专院校、科研单位搞好经济技术合作，抓好技术人才和新产品的引进。

五是深化改革完善体制，倾斜集体，不断深化统一经营和集体经济。进一步理顺农村经济关系，不断完善以家庭经营承包责任制为主的各项经济责任制，加强土地、果树、企业的各项承包合同的管理，逐步在民主、法制的轨道上解决出现的问题。进一步深化集体资产积累机制，巩固发展八条积累渠道，使集体资产积累加速循环，滚动发展。从抓发展骨干企业、完善各种承包形式、开展有偿服务、加速固定资产折旧、集体经济的滚动发展等五个方面增强集体经济实力，使集体经济这条腿逐渐粗壮起来。

六是统一思想，明确责任，提高素质，抓好领导班子自身建设。党、政、经三套班子统一思想，统一步调，齐心协力，带领全县干部、群众把农业和乡镇企业推向一个新的高度。把提高时代觉悟作为目标，把奉献为荣作为时代精神标准，把振兴家乡作为行为准则，追求并实现自身价值，勤政为民，艰苦创业，开拓进取，树立“为官一任，致富一方”的思想。在各级领导班子和干部中开展“比发展速度，比贡献大小”的活动，以新的姿态迎接挑战，走出困境。把农业、乡镇企业经济指标逐级分解，落实到每个干部任期目标岗位责任制和年终考评制中，把指标完成情况作为组织部门考核干部政绩的重要标准。各级干部通过加强学习，深入实践，不断提高自身的政治、业务素质。采取城乡结合，上下结合，依靠全社会力量推进农村经济稳步发展。做到主要领导具体抓，农业部门全力抓，各行各业配合抓，牢固树立“我与农业共兴衰”的思想，领导作风逐步由行使命令型转向指导服务型，切实为群众解决生产中的各种困难。

昌黎县积极落实既定的对策和措施，到目前，全县农田基本建设使用见勤工 35 万个，铺设地下输水管道 10050 亩，打井 356 眼，挖各级排、泄水沟 77 条；沿海滩涂开发面积累计 1.6 万亩，其中今年新开发 2000 亩；全年安排农业资金投入 814.6 万元，已落实了 422 万元；农行贷款 1500 万元，比去年同期增加 50%；现已投入化肥 48000 吨、农药 225 吨，分别占全年需要量的73.9%和75%，投入柴油3100吨，占全年指标的51.7%；农业部门技术承包土地面积51.5万亩，推广地膜花生9000亩，相当于去年面积的3倍，吨斤地膜玉米试验田由去年的5亩扩大到100亩。县委、县政府组织有关部门和单位负责同志，分工包片，深入基层，进行现场办公，狠抓各项措施的落实，乡镇提出需要县里解决的问题，目前大部分已经得到解决，剩余问题正在抓紧协调办理之中。昌黎县一个全党全民重视农业、农业稳步发展的气氛开始形成，农村经济正朝着既定奋斗目标向前发展。

1989年5月

昌黎县经济在克服困难中稳步发展

今年以来，昌黎县委、县政府深入进行治理整顿，坚定不移地贯彻落实各级农村工作会议精神和十三届四中全会精神，努力克服和排除各种消极因素的影响，使经济工作在困扰中得到了进一步发展。到10月底，全县完成工业总产值12944.9万元，比去年同期增长3.5%；乡镇企业在调整中又有了适当发展，完成总产值26050万元，比去年同期增长25.19%。在大旱之年粮食仍然获得了较好收成，总产可达到22.56万吨，农业总产值可达到3346万元。

克服种种困难，稳定经济形势。昌黎县经济连续几年沿着改革开放之路，稳步向前发展。今年春夏之交，一些西方国家对我国实行经济制裁，给昌黎经济带来了不同程度的困难。县办工业、乡镇企业产品积压，企业资金周转不灵，企业与企业之间形成了“三角债”，严重影响着企业的生产经营活动；原燃材料紧张，致使企业生产不能正常进行。面临严峻形势，县委、县政府遵照中央、国务院关于治理整顿的方针，确定了“冷静思考，研究对策，坚定信心，共渡难关”的指导思想。坚持农业、乡镇企业一起抓，实行对农业和乡镇企业的有关倾斜政策，全力发展农业生产，巩固、提高和改造乡镇企业。以农业带动乡镇企业，以乡镇企业促进农业。狠抓了资金、科技、物资、劳务的投入和集体积累。资金投入方面，县、乡（镇）、村层层建立了农业发展基金会，多渠道为农业筹集资金。今年以来，全县共安排资金924.5万元，到目前已完成农业投资560.77万元。科技投入，全县选派了16名科技副乡镇长；建立了3个科技承包集团，承包各种农作物面积39.6万亩，落实模式化栽培面积48万亩。同时积极发展高产栽培，地膜覆盖面积达到2591亩；落实配方施肥面积21.2万亩，化学除草面积16.6万亩，水稻机插面积达4200亩；技术培训人数达12万人次，间接培训32万人次，印发科技资料7.6万份。物资投入，全县共投放化肥58600吨，购进农药286.54吨，农用薄膜237吨，柴油5316吨。劳务投入，全县安排使用劳动积累工300万个，仅兴修水利和道路就使用了52.64万个，完成水利工程783项，打井725眼，修旧井255眼。集体积累，完善了集体资产积累制度，认真抓了八条资产积累渠道的落实，建立起了稳固的集体积累体系。为了解决好乡镇企业信贷紧缺、企业之间存在的“三角债”和原燃材料涨价、紧缺等问题，对现有企业和新上企业进行选优淘劣的调整，共压缩亏损企业54个，使乡镇企业产业、产品结构逐步趋向合理，并保持了适当发展的好势头。该县围绕改善农业基础条件，进行了农业的全面开发。一是山区开发。积极开展植树造林，发展林果业。累计营造水土保持林3万亩，山区林木覆盖率达到35%以上。山区果树总面积达到4.7万亩，水果总产量达到2000万公斤。利用草场资源发展畜牧业，山区羊只存栏达到1.6万头，肉牛存栏达到4000头。二是沿海滩涂开发。全县累计开发滩涂面积8.62万亩，其中开荒种稻5330亩，养殖对虾9500亩。三是沙地改造。到目前已有20万亩沙地初步得到了改造，高标准面积达到5.5万亩，其中建沙地防护林带938条、170.3万米，建沙地果园15420亩，打机井225眼，铺设地下输水管道4.59万米，购置喷灌设施230万套。此外，该县靠自身和他人的力量，继续狠抓了外向型经济的发展。今年以来共建成和谈成外向型项目14项，其中已建成的9项，正在建设的4项，接近谈成的1项。这些项目，总投资为8273.9万元，引进资金5671.3万元，占总投资的68.5%。这些项目全部投产后，产值可达31898万元，利润可达4426万元，年创汇可达5672.5万美元，将大大促进昌黎县经济的发展。

分析形势，及早动手，力争明年工作有一个新的发展。最近昌黎县委、县政府边抓当年最后两个月的生产，边总结工作，分析形势，查找存在问题，为明年工作提前作好准备。他们经过分析，查找出了存在的问题，并逐项研究了明年的对策。工业方面存在的主要问题：一是工业发展不平衡，县化肥厂等一批骨干企业出现了停产、限产的被动局面，有8个企业出现了亏损，亏损额达186.3万元。二是一些企业原材料供应紧张，在一定程度上制约了生产的发展。三是市场萧条，工业产品销售萎缩，有50%的工业产品销售不畅。该县认识到，上述问题，使昌黎工业面临着五个方面的困难：第一，市场疲软，困扰着现有的产品结构。第二，企业原材料库存的不断减少，影响着今后生产经营的安排部署。第三，由于资金短缺，工业固定资产投入基本停顿，影响今后一个时期的发展步伐。第四，一部分企业因开工不足而放假，对职工队伍的情绪有所影响。第五，企业面临种种不利因素，影响着一部分厂长的积极性。针对上述问题，该县决定走“调整与开发并重，稳定与转换并存，在困境中求发展”的路子。一是适应国家经济调整的大气候，开发新的产品市场。抓住国内市场暂时萧条的契机，调整生产导向，与口岸挂钩，千方百计扩大出口创汇。抓住国际市场的热门，扩大地毯、服装、布鞋、毛巾类和工艺品的出口规模，轴承、酒精力争出口。二是组织新的产品结构，寻找新的产业格局，迅速实现向适应市场需要的生产转换。坚持保优、压劣、转旧、上新，重点发展制药、精细生物化工等行业的生产。三是寻找生命力强的伙伴，靠联合求生存、求发展。在联合兴建果酒厂酒精车间、毛巾厂外贸车间的基础上，着手准备联合兴建糖厂制药车间等项目。四是在稳定中转换一些老企业的老产品。

农业方面，阻碍其发展有四个制约因素：一是农业的投入与发展不适应，没有建立有效的投入机制来保证农业的发展，没有调动起农民这个主体投入的积极性。二是传统的种植经营方式限制了农业生产高效益的发挥。一些被实践已经证实的高效益的种植样式没有得到普及。三是水利工程老化，并且毁坏严重，使水浇地面积逐年减少。四是森林覆盖率低，土地沙化严重。该县初步设想，明年做以下五项工作：第一，建立生态农业，实现农业生产的良性循环。继续调整农林牧副渔各业比重，突出林业的先导地位。继续推广西部沿河和城南刘李庄一带充分利用太阳能搞起塑料大棚、粮油作物地膜覆盖和合理间作创高效益的经验，推广利用氮素资源的转化率改善地力的经验，推广利用生物能转化率发展养殖业的经验。第二，建立开发型农业，向新的生产领域进军。利用黄淮海平原开发这个机遇，抓好中低产田改造。力争到1995年完成改造低产花生20万亩，沙地低产玉米9万亩，开发沿海滩涂水稻2万亩。大力开拓外向型农业。利用土地资源，发展玉米、花生出口；利用沿海滩涂资源，发展对虾养殖出口；利用沿滦河畜草资源，发展肉牛出口；稳定野生动物养殖生产，发展貂皮出口；开发劳动力资源，发展柳编出口。第三，发展基地农业，提高粮油商品率。因地制宜规划好小麦、水稻、玉米、甘薯、花生五个商品粮油基地，优化粮食生产，进一步提高粮油商品水平。第四，建立城郊型服务农业，提高商品化程度。依托交通、地理、市场优势，大力发展以满足城市居民生活需要的农副产品生产。利用沿河土质肥沃、水利资源丰富的优势，大力发展细菜和畜禽生产；利用京山铁路、公路沿线经济走廊的优势，大力发展粉丝、面粉的系列生产；利用北部山区优势，大力发展水果系列生产；利用沿海滩涂优势，大力发展水产养殖和捕捞的系列生产。第五，巩固和发展业已形成的水产、水果、蔬菜、野生动物养殖、农产品加工等五大系列的规模经营型农业，提高综合经济效益。

最近，昌黎县委、县政府抓紧研究了明年经济工作的措施，并分头深入工厂、农村，进行现场办公，继续开展调查研究。在广泛了解县情的基础上，研究制订具体实施方案。昌黎县经济在困难中得到发展，并不断总结工作，展望未来，研究克服前进道路上出现的新的困扰的途径，这种实事求是的工作方法和作风，是积极的，可行的，一定会推动昌黎经济沿着中央指引的治理整顿、深化改革之路持续、稳定、协调地发展。

1989 年 11 月

关于南通、宁波、厦门三市对外开放工作的考察报告

1987 年 4 月 19 日至 5 月 7 日，我和袁渤同志先后到南通、宁波、厦门三市，就其对外开放和改革工作，进行了学习考察。三个市的领导同志和有关部门负责人向我们介绍了情况，我们还到港口、开发区或工业区，以及 10 多个工厂企业作了实地了解。考察的时间虽然短暂，印象却极为深刻。总的感觉是，这三个市经济技术基础比较雄厚，开放和改革步伐快，成效大，效果显著，经验丰富。

在这三市中，厦门从 1980 年开始兴办经济特区，南通、宁波 1984 年实行进一步对外开放。在短短的三五年时间里，三市工农业总产值都翻了一番多。南通、宁波已跃入工业产值超百亿的 20 个城市的行列。这三市对外开放成果和经济发展情况见下表。

	南通	宁波	厦门
辖区	6 县 2 区	1 市 5 县 3 区	1 县 5 区
面积（平方公里）	8000	9397	1510
其中市区	120	374	131（全岛）
人口（万人）	744	491	105
其中市区	41	60	35
“三资”企业（个）	29	29	340
其中已投产	12	16	150
利用外资（美元）	2.8 亿	3800 万	4.9 亿
年工农业总产值（亿元）	140.16	150	27
其中工业产值	111.09	133	24.65
6 年财政收入（亿元）	9	11.08	4.67
年外贸收购额（亿元）	11.07	6.8	3.56

三市取得的丰硕成果再次证明，党的改革、开放、搞活的方针，是发展经济、建设四化、缩小同世界先进国家差距、充分发挥社会主义制度优越性的正确方针。这些成果也表明，三个市的工作是做得好的，经验是可贵的。我们认为，下面六点特别值得认真研究和借鉴。

一、加强基础建设，不断完善投资环境，扩大外联渠道，重视智力投资，培养和引进人才

三个市都首先集中力量进行以交通、能源、通信和开发区（工业区）为主要内容的基础设施建设。厦门市5年完成基本建设投资18亿元，相当于前30年的2.4倍。三市都新建、扩建了港口和机场（厦门为国际机场），引进了万门程控电话，开发区和工业区已实现“六通一平”，并有一批项目建成投产。

南通市开发区面积4.62平方公里，首期开发1.68平方公里。他们坚持规划论证、建设、引进三同步，已建标准厂房2.5万平方米，引进中外合资项目10个，其中铝型材、日用家具、彩色录像带、玻璃钢赛艇、再生革等5个项目已开工兴建，将在今年内陆续投产，另有2个内联企业已投产。宁波开发区面积3.9平方公里，首期开发1.3平方公里（最近国务院同意北仑港区70平方公里内外商投资享受开发区优惠待遇）。他们边建设，边收益，已建4.5万平方米标准厂房，1.6万平方米专用厂房，引进中外合资项目14个，其中人造玛瑙、空调器、钕铁硼、定时器等4个项目已投产，地毯、铜阀门等5个项目将在今年投产。今年开发区工业产值将达1亿元，利润2000万元。厦门湖里工业区面积7.5平方公里，第一期开发1.1平方公里，已建标准厂房29幢，30多家“三资”企业投产。厦门与香港合资的厦华电子有限公司，13个分厂，占用4座标准厂房和1座注塑专用厂房，总面积7万平方米，职工3000多人，生产的电视机、录音机和多种电子元器件，远销国内外，如全部投产年产值可达10亿元。

三市的港口自然条件优越，建设速度快，发展潜力大。南通港3个港区，1986年吞吐量1070万吨。新建的狼山港区，3个万吨级泊位，投资仅3700万元。南通港目前正与荷兰鹿特丹港商谈合资新建5个万吨级泊位。

他们还要通过内联兴建5个万吨级货主泊位和10个长江中级泊位。宁波港3个港区，1986年吞吐量1800万吨，其中北仑港区水深港阔，建港条件极其优越，已建成1座10万吨级泊位，是目前国内最大的。“七五”末期，宁波港吞吐能力将达到4000万至5000万吨。厦门港已建成4个深水泊位，其中两个5万吨级，1个1.5万吨级，1个万吨级集装箱码头。第二期正在建设4个万吨级泊位。

三市能源建设的规模很大。南通市原有一座35万千瓦发电厂，又建一座中外合资的140万千瓦的华能电厂。第一期2台35万千瓦机组已于去年动工，一号机组将于1988年年底投产发电。宁波在续建105万千瓦的镇海电厂的同时，又筹建一座240万千瓦的北仑电厂，第一期120万千瓦已开始进行前期工程。厦门一面与华东电网联网，一面也在争取兴建新电厂。

在加强基础设施建设、努力改善投资“硬环境”的同时，他们根据国家有关规定和本地实际情况，制定了一些具体的优惠措施，以求提供良好的“软环境”，进一步增强对外商投资办厂的吸引力。宁波市在国务院《关于鼓励外商投资企业的若干规定》颁布之后，又提出了6条优惠措施，其中包括简化手续，改进管理；支持外商投资企业采用国际先进科学方法管理企业；成立外商投资企业物资供应公司，负责供应外商投资企业生产所需的物资；产品出口企业和先进技术企业场地开发费和工地使用费按每年每平方米5～20元标准计收，开发区按5～8元标准计收，其他各种补贴一律免缴；产品出口企业和先进技术企业从获利年度起免征地方所得税五年等。这些优惠措施，受到了外商的欢迎。

利用各方面关系，扩大外联渠道，也是搞好开放的一项重要工作。宁波籍的海外华侨有7万多人，港澳同胞20多万。上海、北京等地也有许多宁波人。宁波市遵照邓小平同志“把世界‘宁波帮’都动员起来建设宁波”的要求，采取各种切实可行的措施，如：认真落实各项侨务政策；成立“甬港联谊会”，加强与香港“宁波同乡会”的联系；在各个学会、研究会、协会聘请宁波籍侨胞和港澳同胞任理事等，热诚欢迎海外“宁波帮”支持家乡建设。近三年来，有2.1万人次回乡探亲、旅游、洽谈业务，在家乡捐资兴办200多个教育、文化、福利项目，还办起了一批侨资企业。包玉刚先生先后三次回家乡访问，捐资创办宁波大学，产生了很大的影响。包氏一家以及王宽诚、邵逸夫、吴锦棠等香港人士，都为加强宁波与香港及海外的联系，发展宁波经济文化教育事业，作出很大的贡献。

重视智力投资，培养人才也是一项基础工作。三市都重视了这方面的工作。宁波市由包玉刚先生资助，创办了宁波大学。厦门市创办了鹭江职业大学，根据特区需要设置专业，已培养了3届672名毕业生，委托厦门大学代培的外语、外事、财会专业班370名学生已走上工作岗位。5年多来厦门市通过自培、代培和国家分配、外地引进等，共新增6885名大专以上干部，其中自己培养3200名。中等教育结构也作了相应调整，全市已办职业高中8所32个专业，职中学生人数已占高中学生总数的46%。此外全市还兴办了12个职业培训中心和34所业余中学，培养了大批有专业知识的职业中学毕业生，为企业提供了素质良好的劳动力，深受欢迎。

二、围绕提高投资效益，积极做好利用外资、引进技术工作

利用外资、引进技术，发挥四个窗口作用，是开放城市和经济特区的基本任务。三市在这方面有许多宝贵的经验和体会。

（一）总结经验，明确引进方向。宁波市在开放初期，曾出现急于求成的现象，只想尽快搞成几个项目，而对这些项目进行可行性研究不够。1984年签订的8个项目，有6个是非生产性项目，占75%。他们通过总结开始阶段的工作，明确了引进项目必须考虑生产性项目和非生产性项目的合理比例，必须考虑外汇的平衡。根据宁波实际，他们提出引进项目的三个方向：①围绕原有企业的拳头产品搞引进。宁波的中小型变压器、水表在全国同行业中居领先地位。为了提高这两种拳头产品在节能、精确度等方面的性能，从西德、瑞典引进了先进技术和设备，很快提高了这两种产品的产量、质量和竞争能力。②引进宁波或全国空白的先进技术。已引进碎革变整革的再生革技术、节能型人造玛瑙技术等。③围绕出口创汇搞引进。即使技术不先进，但能出口创汇，也积极引进。如奉化、宁海等县利

用毛竹资源，引进资金和设备，加工制作筷子、牙签出口。明确了引进方向以后，引进项目中非生产性项目的比例1985年下降到50%，1986年签订的全部是生产性项目。

（二）加强项目审查，提高投资效益。南通市根据自己的实际情况，确定近期利用外资、引进技术实行六个为主，即确定项目，以耗能低的行业为主；外资投向，以老企业的技术改造为主；技术改造，以轻纺工业为主；基建项目，以新产业、新门类、新品种的开发应用为主；项目规模，以中小型为主；大中型项目，以发挥港口优势、加速能源和交通建设以及自然资源的开发为主。审定项目，认真注意“五看”。一看项目方向，是否对四化建设有重要作用，是否有利于本市、本行业的经济发展；二看产品前途，是否适合国内外现实市场和潜在市场需要；三看企业素质，是否具有承受能力，能否消化、吸收；四看偿还能力，能否做到外汇平衡；五看经济效果，能否达到投入少、产出多、周期短、效益好的目的。在资金筹集上，尽力把好借、用、还三关，努力做到借得巧、用得好、还得快。由于坚持“六个为主”“五看”，把好“三关”，引进项目一般都是成功的。开放以来签约成交的158个利用外资、引进技术项目，90%以上都是中小型项目，其中绝大多数又是投资少、耗能低、效益好的轻纺工业技术改造项目。目前已有90个项目投产见效，每年可新增产值21.7亿元，增加利税3.5亿元，创汇3900万美元。据测算，每投入1美元，一年可增加产值8.6元，增加利税1.7元，创汇1.07美元。

（三）兴办“三资”企业坚持“三型”，努力提高创汇能力。厦门市兴办“三资”企业，坚持以生产型、先进型、创汇型为主，力求与国家需要相结合，与加快元器件国产化相结合，与消化、吸收、创新相结合，与厦门今后的发展重点保持一致，增强独立性和竞争力，摆脱依赖性，做到签约一批，投产一批，见效一批。1986年“三资”企业工业产值4.4亿元，不到全市工业总产值的20%，而出口产品产值却占全市出口总值的46.9%。厦门市还引进外资发展金融业，现已开办中外合资银行1家，外资银行分行或办事处7家。

三、把开拓新领域、兴建新企业与引进技术改造老企业紧密结合，促进企业向外向型转化

既积极上新项目，更着力改造老企业，这个指导思想在这三个市非常明确。厦门市领导同志认为，全市财政收入85%来自409家老企业，不仅绝大多数职工靠老企业吃饭，而且全市经济技术社会发展也主要靠老企业积累资金。另一方面，在“三资”企业日益增多的情况下，老企业面临着严峻的考验，技术改造搞得好，会继续得到发展，从而发挥更大的作用，搞不好就会在激烈的竞争中被淘汰。基于这样的认识，几年来共投资3亿多元，从国内外引进一批先进设备，使169家老企业得到不同程度的改造。1986年，老企业工业产值、销售收入和实现利税稳步持续增长，提供的出口产品产值增长44.3%。

分清主次，强化优势，形成支柱。三市在老企业技术改造上不开“大锅饭”，不搞齐头并进、个个改造，而是经过深入调查和周密分析，选择重点企业、重点产品、重点行业，优先着力搞好改造。宁波洗衣机厂1986年投资1600万元，用汇163万美元，从日本、西德引进注塑、喷涂、总装三条生产线，生产能力和产量质量显著提高，产品更新换代加快，经济效益进一步提高。1986年生产“新乐牌”洗衣机61.2万台，产值2.05亿元，实现利税1600万元。南通市电视机厂过去10年只生产出黑白电视机1000台，对外开放以后，用汇239万美元，从日本引进全套彩电生产线，对原有设备也进行了重大改造，现已拥有三条黑白电视机生产线，年产40万台，一条彩色电视机生产线，年产21万台。还开发了工业应用电视和4.5～6英寸小屏幕电视，1986年产值1.1亿元，利税400万元，出口创汇100万美元。南通市还对涤纶长丝系列产品生产企业和纺织行业搞了配套引进，实行全行业技术改造。现在全市纺织企业技术设备的总体水平已达到全国先进水平，骨干企业的关键性设备已达到70年代末80年代初的国际先进水平。涤纶长丝从纺丝、织造、染整直至服装加工，已经配套成龙，产品品种由原来的40多个增加到200多个，其中20个已成为纺织工业部和江苏省的支柱产品。

搞好消化、吸收、移植和创新，使引进的先进技术不仅为我所用，而且为我所有。厦门卷烟厂从美国引进废次品烟支处理机后，与厦门试验机厂一起，对引进设备进行研究、消化、创新，开发出自己的废次品烟支处理机，供应国内24个省市的50多家卷烟厂，避免了各个厂家重复引进，为国家节省了外汇。宁波市录音机厂从日本引进磁头生产线以后，经过消化和创新，产量和质量超过原设计水平，日本客商也来这厂订货，上海等大型录音机厂都使用此厂的磁头。南通市机械行业，在引进国外先进技术和装备的基础上，将先进的数显、数控技术和装置，很快移植到机电产品上，实现了机、电、仪一体化，质量超过国外同类产品，得到了国内外用户的称赞。

四、外引内联并举，促进经济发展

三市把外引与内联看作经济发展的两轮、腾飞的两翼，同时抓紧抓好。厦门在对外开放的同时，积极发展同内地的横向经济技术合作，联合兴办了666家企业，注册资金5.85亿元，其中客方资金为4.24亿元，内联单位遍及全国26个省市和国务院所属11个部及23所大专院校、科研单位。1986年内联企业工业总产值达到1.62亿元，比1985年增长1.1倍。内联与外引互相促进，这样的事例在三市是屡见不鲜的。具体做法：一种是先搞好国内联合，增强经济技术基础，提高对外商的吸引力，如宁波要开发钕铁硼水磁合金新材料、多次与日方洽谈，对方态度不积极。他们便与中国科学院联合研制，在开发区建起“三环磁厂”，初步开始生产。日方看到宁波已有较强基础，便欣然同意合资，供给技术和设备，现已形成年产300吨能力，产品为第三代稀土永磁材料，具有80年代先进水平，可在电机、扬声器、磁力传动机、核磁共振成像等方面广泛应用，远销美、英、德等地。另一种做法是先外引，再内联，扩大生产，辐射技术。南通机床厂是国家定点机床出口生产基地，技术、装备和管理基础较好。开放以后，又陆续与美国、英国、新加坡和我国香港的一些企业建立了合资、合作经营关系，开发生产以数控铣床为主的机床产品20种。产品行销十几个国家和地区，其中数控铣床出口量占全国出口总量的90%。随着新产品的开发和国外市场的开拓，急需扩大生产规模，但本厂受场地、设备、资金、人员等条件限制，扩大规模困难很多。他们便与南通模具厂等6个工厂组建总厂型企业集团，很快扩大了生产和出口能力。1986年出口机床500台，创汇200万美元。

五、深入改革，搞活经济

为了更好地贯彻执行对外开放政策，这三个市在农村改革、城市改革、流通改革、金融改革、基建改革、科技改革和教育改革等方面，都取得了不少成果。

宁波是国务院确定的综合改革试点城市，在以增强企业活力为中心的城市改革中，主要抓了六个方面工作：

（一）简政放权。市里先后制订放权方案30个，提出措施335条。经过简政放权，企业留利水平提高了（国营预算内企业人均留利1984年387元，1986年达到600元），生产经营权、技术改造权扩大了，企业有权确定经济责任制形式，有权决定内部机构设置、中层干部任免、劳动工资和职工奖惩等事宜。

（二）推行厂长负责制。全市853家企业，已有225家实行厂长负责制，占25.2%，其中77家实行厂长负责制与厂长任期目标责任制相配套。

（三）推行工资总额与经济效益挂钩。形式多种多样：有13家企业实行工资总额与利税挂钩；63家企业工资总额与实现利润挂钩（这是市里采取的办法，目的是有利于企业技术改造）；还有些企业实行奖金与实现利润挂钩，目标利润承包、工资与销售收入挂钩，产值产量与工资挂钩（主要是砖瓦厂）。今年市里决定推行利润递增包干，即确定基数、递增包干，一定几年不变，财政局正与企业及主管部门核算。

（四）企业内部实行各种形式的经济责任制，比较普遍的有两种形式：一是工资、奖金捆在一起上下浮动，二是从工资中拿出20%或更多的比例，与奖金捆起来上下浮动。

（五）推行节约奖。

（六）探讨、试行“两权”分离。一个办法是租赁制，市政府已发文推行；

另一个办法是股份制，已由几个部门联合发文，提出先在微利企业试点，横向联合和新建企业积极试行。

宁波也是国务院确定的金融改革试点城市，在这方面搞了五项改革：

（一）建立短期资金拆借市场。人民银行、工商银行、农业银行各建了一个资金拆借市场。工商银行拆借市场与全国35家银行建立了联系，每月8、18、28日举行拆借交易活动。据3、4两个月6次活动统计，拆出资金52笔、5.7亿元，拆进288笔、2.4亿元。

（二）开展贴现业务，已贴现11笔、242万元。

（三）发行企业债券2260万元。

（四）办理企业证据转让20笔、1.26亿元。

（五）加快金融机构改革。已建立两家城市信用合作社。农村信用社与农行脱钩，成立合作银行，独立经营，自负盈亏。银行本身实行企业化，正在抓紧确定成本、费用、留利“三率”。

厦门市在体制改革方面也进行了有益的探索。在农村进一步完善联产承包责任制，调整产业结构，疏通流通渠道，促使农业经济向专业化、商品化、现代化转变。在城市围绕搞活企业这一中心，进行配套改革。市政府颁布了9个关于搞活企业的政策性文件，使企业在计划、价格、供销和劳动人事管理方面有了更大的自主权，并在33家企业进行了厂长负责制试点工作。在流通方面，实行多层次、多渠道、少环节、多种经营的流通体制，放开经营的小型企业达101家，并着重解决小型商业企业“改、转、租”中出现的新问题。在金融方面，制定了改革信贷资金管理、外汇调剂、企业股票、债券管理等6个规定。建立票据交换中心，横向融通资金从市内同行拆借，扩大到闽南和全国12个省市跨地区拆借，发放债券筹集建设文集大桥资金。在基建管理方面，实行“设计搞评选，施工搞招标，承建单位内部层层包”，提高了建设的效益。在科技方面，改革了科研拨款制度，开拓技术市场，发展各种形式的科研生产联合体，促进科技工作为经济建设服务。在教育体制方面，调整中等教育结构，开办职业中学，多渠道培养特区建设人才。

为了更好地适应对外开放和引进工作，提高办事效率，宁波市先后三次改革对外工作机构和体制。第一次，开放办公室与外贸局合并，成立外经贸委员会，统一管理外经外贸。第二次，市政府成立涉外处，代表市政府处理一些问题，协调各个有关部门。第三次，成立对外经济服务中心，由一位副市长牵头，把有关部门的职能科室集中在一起办公，设四部一室，即以计委为主的计划部，主管立项；以经委为主的管理部，主要负责“三资”企业的管理；以外经贸委为主的外经部，主管项目洽谈、可行性研究和审批；以城建委为主的建设部，主管建设施工；办公室负责行政和综合。编制 63 人，由相关单位出人。

六、围绕对外开放，加强社会主义精神文明建设和党的建设

三市坚决贯彻中央关于两个文明建设一起抓的战略方针，在对外开放中，把精神文明建设和党的建设放到重要议事日程上，切实抓紧抓好。

首先针对改革、开放中出现的思想问题，大力开展宣传教育活动。宁波市在被国务院确定为对外开放城市后，发现一些干部群众对开放的意义、性质、目的认识模糊，便组织编写了为什么要开放、现在的开放同鸦片战争时期被迫开放包括宁波在内的 5 个通商口岸的区别是什么、开放面临的任务是什么等 3 篇宣传教育材料；通过各种方式搞了几个月的宣传教育。国务院确定宁波为综合改革试点城市后，他们又围绕为什么改革、配套改革的内容及改革中的先进典型，搞了几个月的宣传。他们还针对一些人认为开放后物价涨得快、开放会加重污染、开放得不到实惠等担心和疑虑，开展生动实际的思想教育活动。如，把国家“四化”大目标、宁波“七五”和 2000 年中目标、本单位发展小目标联系起来、结合起来，进行理想教育；在各行各业开展为宁波开发建设建功立业活动；军民共建；评选五好家庭、五好院落、五好居民区、五好村镇等，收到了较好的效果。

其次，加强党的建设和经常性的思想政治工作。厦门市委着眼于提高党员、干部的政治思想素质，紧紧围绕改革开放和经济建设这个中心，针对新形势下党员、干部思想上突出的或带倾向性的问题，有组织、有计划地进行共产主义理想、党的宗旨、全局观念、党的纪律方面的教育。同时

把这些教育与整党、纠正不正之风、打击经济领域犯罪活动、整顿纪律等工作密切结合起来。厦门市还特别注意研究探索在“三资”企业加强党的建设和思想政治工作。全市已有48家“三资”企业建立了党团工会组织，占应建数的84%。根据“三资”企业的特点和党员的实际情况，开展了以克服雇用观点、拜金主义、反腐蚀和加强外事纪律为主要内容的党性党风党纪教育，并结合正反面的典型事例，对党员进行“四有”“四自”（自尊、自重、自爱、自强）和“四特别”（特别高的觉悟、特别好的党风、特别严的纪律、特别高的效率）的教育，以增强党性观念和主人翁的责任感。在活动方式上，充分考虑“三资”企业的特点，立足业余，灵活多样，注重实效，同时要求党员正确处理与外方人员合作共事关系，在生产经营中发挥骨干作用，因而受到企业的欢迎。

再次，“一手抓建设，一手抓法制”。厦门市几年来深入持久地进行法制教育，法律知识普及率干部达90%以上，职工85%以上，居民80%左右，增强了广大干部和群众的法制观念，提高了依法办事的水平。认真开展了严厉打击严重刑事犯罪活动和严重经济犯罪活动的斗争，在“严打”中摧毁流氓犯罪团伙296个，1082人，收捕各类犯罪分子5712人，依法判处各种犯罪分子2419人，加强了社会秩序的整顿和社会治安的综合治理，刑事案件发案率明显下降，社会秩序稳定。

最后，加强四项基本原则教育，反对资产阶级自由化。这三市高校较多而且集中，由于市委和校党委注重四项基本原则教育和经常性的思想政治工作，去年没有发生学生闹事事件。今年以来，按照中央部署，分不同层次和不同对象，有区别、有重点地进行坚持四项基本原则、反对资产阶级自由化的教育。目前，社会秩序和教学、科研、生产秩序稳定，为进一步搞好改革、开放提供了良好的环境和条件。

1987年6月

青龙县脱贫致富情况的调查

最近，我到青龙满族自治县了解情况，对该县脱贫情况进行了考察。先后到了高杖子、半壁山、大巫岚、东干河子、朱石岭、土门子、蒿村、影壁山、柳树漫、小岭西、张仗子等乡、村和县职业中专、向阳中学，实地察看了兴修拦河坝、防洪堤，截潜流，改造低产田，河滩造田等农田水利基本建设工程和果场果树生产、职业中专实习场地，同县、乡、村干部群众、学校负责同志进行了座谈。从所见所闻，深感几年来青龙人民以愚公挖山不止的英雄气概，挖穷根，摘贫帽，在振兴山区经济、脱贫致富的道路上迈出了可喜的一步。

地处燕山东麓长城北侧深山区的青龙满族自治县，现辖42个乡（镇）、419个村、504526口人。全县总面积3510平方公里（折合526.5万亩），耕地面积67.1万亩，占总面积的12.8%；河流及城镇、村庄、道路占地29万亩，占5.5%；山场面积430.4万亩，占81.7%。全县山多地少，素有“八山一水一分田”之称。

由于历史和自然条件的影响，青龙县交通、电力等基础条件差，人才缺乏，经济技术落后，温饱问题一直得不到解决，人民生活十分贫困。到1988年尚有77676个贫困户，占农户总数的69%，1986年被国务院定为全国重点贫困县。近几年来，这个县从县情出发，坚持“打基础、求发展”的指导思想，发挥优势，艰苦创业，取得了可喜的成果。1988年农村人均收入349元，比1985年增加177元；人均口粮136公斤，比1985年提高36公斤；有51025户基本脱贫，占贫困户的65.7%。1989年这个县遭受了历史上罕见的旱灾，除粮食产量低于去年外，其他各项收入仍有较大幅度的增长。回顾总结几年来这个县的脱贫工作，主要有以下几个特点：

一、加强领导，齐抓共管

青龙县委、县政府把脱贫工作列为全县工作的头等大事，作为一项经常性、综合性的基础工程，常抓不懈。每半年召开一次脱贫致富议事会，商讨扶贫战略，研究脱贫措施，落实帮贫项目。县委书记刘向东每日以“贫”字“三省乎己”，经常过问有关部门的扶贫工作，每次下乡都把访问贫困户作为一项重要内容，爬到贫困户承包山上帮助制订规划，坐到贫困户炕头上出点子，找出路。几年来有70多个贫困户在他的具体指点下，走上了富裕之路。为加强对扶贫工作的领导，这个县还建立了扶贫工作领导机构，成立了由县长任组长，一名副书记、副县长、人大常委会副主任和政协副主席任副组长，农行、民政、财政、林业、水利、农委、教委、县社等有关部门主要负责同志为成员的领导小组。领导小组下设办公室，单独建制，负责办理日常事务。各乡镇也都建立了相应的组织机构，专抓扶贫工作。县、乡（镇）干部实行了一级抓一级的扶贫责任制，县委常委和五大机关主要领导分别抓区包乡，县直部门包乡抓村，乡镇干部包村抓组，明确责任，负责到底，责、权、利紧密结合，增强了各级干部的责任感，促进了扶贫工作的开展。该县扶贫工作还注意用典型引路，树立和培养了一大批脱贫致富的典型，组织致富报告团到全县42个乡镇巡回报告，并将他们事迹印成《脱贫致富百例》小册子，发到贫困户手中，使贫困户心中有理想，身边有榜样，起到了积极引导和示范作用。

二、发挥本地优势，选准突破口

山场广阔、资源丰富，是青龙县的自然特征，也正是该县经济发展、摆脱贫困的潜力所在。县委、县政府总结历史经验教训，制定了“改革开放，靠山致富”的山区经济建设指导方针，确定了“远抓林果，近抓矿牧；先温饱，后致富；苦战五年，打好基础”的指导思想。在不放松粮食生产的同时，充分发挥本地资源优势，实施了符合青龙实际的脱贫致富战略。

（一）“栽山上的”，狠抓广阔山场和坡地的开发利用，大力营林植果。该县从实际出发，制定了一系列优惠政策，鼓励农民向山上投入。加强了山林管护，强化了封、育、造、管、伐的综合治理。几年来全县绿化荒山180万亩，河系造林1200万株、人均64株，发展桑树250万株。在管好原有果树、提高果品产量和质量的同时，这个县每年都抽调大批干部适时下乡，帮助乡、村、组、户栽植果树。近几年累计栽植果树1200万株，户均100株，人均40株。他们还组织干部群众认真总结历史上治山造林的经验教训，把山区流域治理、造林绿化和治穷致富、振兴经济结合起来，以栽植干鲜果树为主，大搞经济沟建设。共规划建设经济沟70多条，发展乡、镇、村、组集体果园1378个，家庭果园8万个。目前全县果品正常年产达到1.5亿斤，林果年产值达5500多万元，果品年收入4500万元。昔日荒山秃岭，如今绿树满山，青龙县从绿色大地中获得了生机。

（二）“挖地下的”，实行了以黄金为主的矿业开发。1984年以来，这个县在科学规划、合理利用资源的前提下，遵循“发展国家，鼓励集体”的方针，累计投资2800万元，先后扶持乡村办黄金矿点128个，铁矿点和大理石加工厂35个。全县出现采金专业村10个。1988年购进河系采金船两艘，实现了“采—选—冶”生产一条龙。年产黄金连续几年超万两，1987年达到18700两。1988年以来，这个县安排上万个贫困户劳力到金矿、铁矿做工，使他们增加了收入，有10个重点贫困村通过采金由穷变富。其中马圈子村每年黄金项收入，人均就达到580元。

（三）“养吃草的”，充分利用丰富的饲草资源，大力养殖草食畜禽，发展节粮型畜牧业。他们坚持“稳定猪、鸡，大力发展食草畜禽”的方针，不断增加兔、羊、牛、鹅的饲养量，使食草畜禽成为畜牧业的主体。几年来，根据山场条件和饲草资源，投资325万元规划扶持了25个乡、150个村、23000农户的养兔基地。到1988年年底，全县羊只饲养量达到29.3万只，家兔饲养量达到70万只。在贫困户中，养羊达到20只以上的有1000多户，养兔达到60只以上的有1500户。

（四）“加工自产的”，立足本县资源，兴办和发展乡镇企业。到1988年年底，全县投资1190万元，先后建起加工果品、皮毛、矿产品和山野资源为主的各类企业118个，安排劳动力2万多名。既壮大了集体经济，又增加了农民的收入。1988年全县乡镇企业收入达到1897万元。

在变资源优势为商品优势的同时，近年来这个县着眼于综合开发，多渠道筹集资金，建设了7个苹果基地，7个板栗基地，7个杏仁基地，10个养羊基地，52个养兔基地，23个桑柞蚕基地；建设具有一定规模的经济沟22条，总面积7万亩。到目前，全县已基本形成了黄金、林果、家兔、桑柞蚕四大生产的系列化。

三、抓住主要矛盾，强化基础建设

制约青龙脱贫致富的因素很多，但是这个县没有去平均使用力量，而是在广泛调研的基础上，沿着“打基础—求发展—奔小康”的思路，把解决电力紧张、交通不便、人才匮乏、科技落后问题作为主要矛盾来抓，收到了显著的效果。

“治穷先治愚，治愚抓教育”，这是青龙人民在“抱着金碗要饭，守着金山受穷”的生活中，悟出的辛酸教训。他们算了一笔账：“七五”期间，全县要建成十大商品基地，实现四个系列化，需要各级各类初、中级技术人才6万人。而前几年全县从事工、农、林、牧、水的技术干部只有341人，占需要量的5%。工企系统职工4037人，其中有专业技术职称的68人，仅占1.6%。为了解决管理者、劳动者的素质问题，这个县把教育摆在振兴全县经济的首要地位，逐步形成了领导上抓教育、各级各层办教育、各行各业支援教育的大气候。在国家财力紧张的情况下，青龙县认真贯彻落实“分级办学，分级管理”的原则，依靠自己的力量，克服各种困难，走出一条群众集资办学之路，使办学条件有了明显改善。三年来，全县集资394万元，新建、改建校舍2800间，添置课桌17272套，购置教学仪器、文体器材28712台件，图书46092册，扩建操场23123平方米。仅今年1月至9月份，全县就集资125.7万元，新建、改建校舍1077间。目前在全县很多地方实现了最基础的工作是教育，最受尊敬的是教师，最大的院子是学校，最好的房子是教室。该县还从本地实际出发，以“大力发展职教，培养实用人才，服务当地经济”的指导思想，全面改革了农村教育体制。建立职业中专1所，职业高中2所，四年制职业初中36所，各级各类职业学校在校生达到8202人，占在校生总数的50.13%。各普通中、小学都不同程度地渗透了职教因素，去、今两年的中学生中有200多人已成为乡、村、组和企业的技术人才。这个县还十分重视普及农民技术教育，创办乡技校42所、村技校334所，两年举办各类农村实用技术培训班1036期，参训 53607 人口，年创效益 20 多万元。这个县越穷越办教育，不仅大大增加了“产出”，而且为今后彻底脱贫、全面致富创造了条件。

这个县在打基础的工作中，既抓了人的素质的提高，又加速了交通、电力等基础设施的建设。按照“民办公助”和“受益者修路”的原则，四年中多方集资 4023 万元，动员群众新修公路 210 公里，修复、改建公路 420 公里，建地方铁路 3.8 公里，打开了通往绥中的窝岭，通往宽城的椁楞滩岭，通往建昌的龟石岭，通往抚宁的十八盘岭和老边岭，通往迁西的白杨峪口，通往卢龙的刘家口，改变了交通闭塞、货物信息不畅的状态。为解决电力不足问题，1984 年以来，投资 1337 万元，先后建成龙王庙、马圈子、八道河、半壁山等 4 个 3.5 万伏变电站和双山子 11 万伏变电站，形成了全县环网供电，基本实现了乡乡村村全部通电，结束了深山区祖祖辈辈煤油灯照明的历史，并为工业、乡镇企业的发展提供了电力保证。

四、大搞农田水利基本建设，不断改善生产条件

青龙县是个山区农业县，解决人民群众的温饱问题，农田水利建设有着十分重要的地位。青龙县境内有青龙河、星干河、都源河、起河、沙河等五大河系。水利资源丰富，发展农业具有较好的条件。这个县注意了对水利资源的全面开发，在“一分田”上巧做文章。一是充分利用地表水。千方百计扩大水浇地面积，几年来投资 6000 万元，组织群众修筑水库 12 个，截潜流、拦河坝 94 条，建扬水站 150 个，动用土石方 725 万立方米，扩大水浇地面积 36000 亩。蒿村乡影壁山村党支部书记冯友才，立志为子孙后代造福，几年如一日，带领群众修拦河坝 170 米，平整稻田 350 亩。目前正在开凿一条 500 米长的隧洞，计划修建一座 100 千瓦的水电站。建成发电后，商品电年收入可达 3 万多元，灌溉面积可增加 300 亩。二是重视开发地下水。几年来，投资 240 万元，投工 12 万个，打机井 1200 眼，动用土石方 24 万立方米，扩大水浇地 48000 亩。此外，他们还不失时机地发动群众平整土地，两年来平整稻田 2 万亩、麦田 2000 亩，修渠 1350 米。今年秋后，他们在全县范围内搞了两次较大发动，县直各部门副局长以上干部 80 多人走出机关，包乡抓村。到目前全县已出动 8 万多人，平

整土地5285亩，新修稻田103亩，闸沟18条，造田440亩，打机井33眼，修复机井37眼，修渠38条、18306米，修防洪坝23条、5373米，新修截流2处，建扬水站8处，动用土石方12.5万立方米，扩大水浇地4740亩。

五、强化艰苦奋斗意识，树立务实创业思想

这个县始终把强化全县人民艰苦创业意识作为实施发展战略的保证来抓。通过乡村干部业绩上墙入史、每年举办2～3次村支部书记培训班、组织艰苦创业模范事迹报告团巡回演讲、组织干部群众到外地学习创业经验等活动，唤醒人们“穷则思变”的思想，激发全县干部群众创业的积极性。大巫岚乡大院村不当万元户、回村当支书的董占义，上任半年多，自家拿出7000多元，带领群众打机井6眼，开稻田180亩，建果园1个、栽果3000株。马圈子镇47名村干部每人都确定了自己的帮贫致富联系点、联系户，扎实有效的工作使1988年全镇人均收入达到了520元。中心坨乡对照先进找差距、定措施，今年雨季造林突破1万亩，建设经济沟6条。该县树立了不同类型艰苦创业的典型，用典型引导创业，发挥典型的辐射作用。1984年人均收入只有几十元的隔河头乡城山沟村18名党员，听了模范村支书何启生、张友朋等人的报告后，筹措资金2万元，带领群众苦战一冬春，造林8000亩，建万株果园5个，栽各种干鲜果树9万余株，全村人均达到90株。该县还实行干部目标管理岗位责任制，开展“为官一任，致富一方”活动，鞭策创业热情。并做到了责任层层分解，奖惩认真兑现。1988年奖励成绩突出干部职工317名，今年提拔任用乡、局级干部64名、免职降职18名。针对荒山承包到户个别群众分而不治的问题，他们研究制定了相应的鼓励和约束政策，靠政策来激励创业，调动了群众造林栽果的积极性。仅大巫岚乡今年就投工80多万个，投资150万元，在万亩荒山栽植果树55.8万株，全乡人均达到42株。艰苦创业意识的强化，使这个县干部、群众克服了等、靠、要的思想，树立了自力更生、艰苦创业的精神。娄杖子乡通过群众集资入股等形式，创建了乡罐头厂；隔河头乡集资31万元，新建、翻建校舍122间；人均收入只有240元的南新庄村勒紧腰带，两年投资53100元，改善办学条件；土门子乡利用义务工修

建区乡公路 15 公里。广大群众过起紧日子，将财力、物力投向开发性生产。到目前，已建成百亩家庭林场 500 多个，千株家庭果园近千个。几年来，全县自筹用于发展生产资金达到 7000 多万元，年创社会效益和经济效益近 5 亿元。县委、县政府保持和发扬了党的艰苦奋斗的优良传统，至今县委机关各部门仍在 50 年代盖的小矮房里办公。他们把省下来的钱用在教育和发展生产上。1988 年全县用于农业开发投资比上年增加 1050 万元，基础建设投入增加 45%；今年挤出 55 万元，用于兴修水利工程，改造低产田，发展畜牧业生产，使落后的生产条件逐步得到改善。

如上所述，青龙县脱贫工作虽然迈出了坚实的第一步，但是要彻底摘掉贫困帽子，实现经济腾飞的艰巨任务，还远远没有完成。因此，青龙县脱贫工作除了靠全县人民万众一心、坚持不懈地努力，还需要上级有关部门继续给予帮助和支持。建议有关部门对青龙脱贫工作进行认真总结，制定加快青龙脱贫步伐的优惠政策和具体措施，群策群力，帮助青龙从贫困中解脱出来，走上富裕之路。

1989 年 11 月

改革开放　靠山致富

——青龙满族自治县发展山区经济的调查

最近，我同市委研究室、办公室同志到全国贫困县之一的青龙满族自治县进行调查。先后听取了县委和县直有关部门负责同志的汇报，与部分厂矿、乡、村干部和群众进行了座谈，实地考察了三家、马圈子县、村金矿，炮手堡子、窑上、三家、蛤子汀等村和都山林场的林果生产情况和干沟乡农户养兔情况。青龙县委、县政府为了尽快摘掉贫困县的帽子，经过几年实践的探索，找到了一条适合本县实际的经济发展路子，确立了“改革开放，靠山致富”的山区经济建设指导方针，并扎扎实实地发动群众，充分利用该县山场广阔、资源丰富的自然优势，“栽山上的，挖地下的，养吃草的，加工自产的”，进行以林果、采矿、畜牧为主的综合开发，为全县脱贫致富、实现经济腾飞开辟了广阔的道路。

该县把发展林果生产作为农村经济工作的重点来抓。几年来不断完善有关政策，明确规定，农民在责任山上营造林木，可改变为自留山；果园的营造和管理，实行多种形式的责任制，保护“几统一”下的分户经营，提倡成立果品合作社，鼓励技术承包，进一步调动了农民造林栽果的积极性。今年全县造林16.6万亩，比去年增长3倍，较好地完成了“京津”周围绿化工程和“三北”工程造林任务；四旁植树324万株，比上年增长38%；育苗9729亩，造林整地18.7万亩，都多于往年。果园建设呈现出县、乡、村、组、户一齐上，多层次、多形式迅速发展的大好局面。目前全县已建成集体果园739个，其中县办2个，乡办32个，村办360个，组办345个；农民家庭果园8万个，占总农户的71.2%。集体、个体果园总面积达到13.5万亩。今年果品产量可达1.5亿斤。在大力发展果品生产的同时，该县还狠抓了果品的贮运、加工和销售。全县建立集体果品贮藏点53个，个体贮藏点500多个，贮藏能力达1300多万斤；兴办果品加工厂22个，其中果品罐头厂11个，果脯厂5个，果酒厂6个，总加工能力达到1700万斤，占全县水果总产量的13.1%。为进一步探索贸工农的路子，为农户提供产、供、销系列化服务，县供销系统本着“自愿、平等、互利”的原则，与452户果农联合创办了9个果品专业合作社。这9个社共有果树11万株，今年预计产果150万斤，可为农民增加收入45万多元，供销社亦可增加利润5万元。县直其他有关部门也积极为各级果园提供服务。县农行为支持果园建设发放开发性贷款127万元，开发荒山32万亩；农林等部门举办林果技术培训班1064期，培训农民54862人；建立水利服务站9个，其他水利服务组织301个；为加快低产园改造，全县由去年的7个乡8800亩，扩大到今年20个乡2万亩。从而有力地保证了全县果品生产的稳步发展，使一批靠林果业脱贫致富的典型脱颖而出。嵩村乡炮手堡子村过去是“旱了起风沙，雨多水成灾，沙打禾苗死，十年九不收”的穷山庄，经过近几年的努力，营造黑松林6000亩，刺槐、柞林2400亩，防护林带2000亩，栽各种干鲜果树7000余株。昔日荒山秃岭，如今绿树满山，全村人均收入由过去的几十元，增加到200多元。大巫岚乡窑上村1300亩山场，“山顶刺槐戴帽，中间果树缠腰，沟川杨柳混交”，实现了绿化、美化、致富同步进行。5年后仅林果一项人均收入就能达到600元。

青龙县有金、银、铜、铁、锰、煤、石英、大理石等多种矿产资源，特别是黄金资源分布广、储量大，既有脉金，又有沙金。随着改革、开放、搞活，该县采金业发展迅速。目前，全县采金矿点已发展到106个，参加采金的达1万多人。安排机械化采金坑口39个，有9个已形成了生产能力；全县建立大小黄金选矿厂8处，日处理能力500吨；今年投资300万元兴建的日处理50吨的黄金冶炼厂，预计明年一季度可投入生产。随着近年来群采的蓬勃发展，部分农户已靠采金走上了富裕之路，并涌现出一批采矿专业村、专业乡。马圈子乡马圈子村，自1983年兴建金选矿以来，全村536名劳力有320名从事采金业。今年1月至10月采金1400两，到年底可完成2200两，人均收入可达800元，全村已有20多个万元户。为了继续提高黄金生产能力，该县计划明年再上三个新项目：一是投资400万元，在兴隆沟建一个采、选、冶系列化生产配套的日处理 50 吨矿石量的矿厂；二是投资 600 万元，在新干河上两个日处理 20 吨的采金船；三是投资 86 万元，在周杖子建一个日处理 25 吨的选矿厂。同时，在老矿山上技措项目 7 个。力争在“七五”期间使全县黄金生产能力由目前的 2 万两提高到 3.5 万两。在大力发展采金业的同时，该县开发其他矿产资源也迈出了新步伐。全县现有石英矿 10 个，年产石英粉 5000 吨；锰石矿 12 个，年产锰石 7000 吨；大理石矿 1 个，年产理石米 3 万吨、理石板 5000 平方米；在青龙河水系，可产砂石 6 万吨。为开发铁矿资源，目前正在抓紧建设年产 22 万吨的庙沟铁矿和年产 5 万吨的湾杖子铁矿，并积极筹建落地、秋子沟两处铁矿。

青龙山场面积大，全县有草山、草坡 96.9 万亩，还有大量的林间牧场，饲草储量达 2.75 亿公斤，为畜牧业发展提供了良好条件。近几年，该县大力发展以兔、羊、牛等草食畜禽为主的畜牧业，并出现了好势头。到今年 10 月底，全县大牲畜存栏 4.5 万头，比去年增长 1.5%；猪只存栏 185 万头，增长 19.3%；羊存栏 19.6 万只，增长 4.3%；兔存栏 80 万只，增长 3 倍多。该县在前庄、八道河、肖营子等地进行了黄牛冷配试验；在张杖子等乡去势公羊 830 只，进行无角羊选育工作；并对 70 头牛注射牛黄菌，进行速育牛黄的试验。这些试验如果成功将大大提高养牛、养羊的经济效益，促进全县牛、羊的大力发展。今年以来，该县把家兔生产列为投资少、见效快的重点脱贫致富项目，采取了三项措施：一是县、乡、村层层建立了家兔生产领导小组，切实加强对这项工作的领导。县政府对县畜牧局局长实行达标责任制，不达标扣发半年奖金；把完成家兔生产指标情况，作为乡干部年终总评内容之一；为实现养兔脱贫，村干部、党员实行包户制度。二是狠抓品种改良、种兔调剂、资金扶持、防疫灭病、技术服务等工作。通过多种渠道，调剂种兔 5 万只，使种兔逐步向加利福尼亚、比利时等优种化发展；发放 35 万元周转金或贷款，为农民解决买兔资金困难；乡、村普遍配备防疫员，家兔防疫注射率达到 97%，兔瘟得到了全面控制；采取抓 10 个养兔生产基地乡的建设和举办养兔学习班、广播讲座、技术咨询等多种形式，广泛普及饲养管理技术。三是把家兔的收购、加工、储运、销售作为家兔生产的配套工程来抓，在全县40个集镇开办了购销市场，截至9月底已成交家兔4万余只，成交额12万元。县内建起年储藏228吨的冷库，除发展内、外贸食品加工外，还兴建了2个皮毛厂，使畜产综合加工，日趋成龙配套。现在全县共有国营、集体、个体畜产品加工摊点310个，去年综合加工家兔35万只，产值达490万元。目前全县11万农户已有50%的户饲养家兔，有的户靠养兔开始脱贫致富。干沟乡东沟村192户，768人，全村养兔饲养量达9300只，今年养兔收入人均300多元。

青龙县为了加快经济的发展，十分注意交通运输和电力的建设。该县由于受地理条件的限制，交通很不发达。1985年以前，全县仅有公路干线3条，总长为195.2公里，只贯穿18个乡镇。近三年来，县委、县政府把加强地方道路建设作为全县脱贫致富的基础工作来抓，对全县地方道路建设作出了全面规划，并把建设任务分解到各个乡村。经过县、乡、村的共同努力，全县交通状况有了初步改善。共修乡村公路624.5公里，其中新建198.5公里，改建和恢复426公里，修桥31座444.7米，修涵洞238道1595米，修过水路面7道51米。突出解决了“三大难题”，促进了“三业”发展：一是解决了矿石运输难，促进了采矿业的发展。该县大石岭乡锰矿石储量丰富，过去由于交通不便，影响了开采。去年加宽改造了13.5公里公路，半年就采运出锰石3000多吨，收入21万元。二是解决了卖果难，促进了林果业的发展。过去该县每年都有一部分鲜果因运输难而腐烂变质，近几年随着山区道路的改善，使全县每公斤果品多卖1角2分钱，农民共增加收入300多万元。三是解决了经商难，促进了农村第三产业的发展。深山修通公路，农民逐步从小生产观念的束缚中解放出来，大量的剩余劳动力开始走上兼农经商的道路。全县从事商业经营人数已达5100多人，其中有2500户靠经商开始富裕起来，同时，交通条件的逐步改善，也促进了青龙电力事业从无到有，逐步发展。目前，全县已建成变电站4座，总容量1.1万千伏安；架设35千伏高压输电线路102.6公里，10千伏高压输电线路1079公里；配电变压器由1985年的514台/容量1.9

万伏安，增加到64台 / 容量2.4万伏安；售电量由1985年的1439万度，增加到2200万度。全县用电受益范围由1985年的41个乡、319个村增加到目前的50个乡镇、373个村。

为了促进经济的发展，该县把智力开发作为一件大事来抓。青龙县委、县政府从长期的工作实践中清楚地认识到，青龙之所以贫困，一个重要原因就是人才匮乏，科技落后，所以要想脱贫致富，必须走智力脱贫的道路。几年来，他们坚持经济开发和智力开发相结合的方针，逐步改革教育结构和教育内容，出现了普通教育、职业教育、成人教育同步发展的大好局面。普通教育，全县已发展小学412所，1730个教学班，在校生50586人；初中62所，301个教学班，在校生13414人；高中3所，37个教学班，在校生1940人。通过推广新型教学方法，开展教改试点和丰富多彩的第二课堂活动，促进了在校生的智力开发。积极兴办职业教育，目前全县已办职业技术中学7所，30个教学班，其中职业高中1所，职业初中6所，在校生共达1429人。“三加一”（学生初中或高中毕业后，增加一年农职教育）技术班试验点2处，今年已发展到11处。初步形成了职业技术教育网络。为了适应农村产业结构调整和当地经济发展需要，农职中学设农、林、果、畜牧等专业，建立农业、林果实习基地394亩，种兔场1个，理、化、生物实验室15个。两年来，全县已培养农职中毕业生328名，有相当一部分已经或正在成为当地经济发展和劳动致富的骨干力量。农民成人教育，全县乡技校已发展到50所，学员1562人；村夜校发展到333所，学员近1万人。乡村两级技校对普及农业科学技术、推动农村商品经济的发展起了重要作用。在发展职教中，他们还十分注意引进人才。河北农业技术师范学院帮助青龙规划职教，培养师资和技术人员；唐山工程技术学院为青龙代培矿业人员；该县还与南开大学、河北农大、中科院等单位建立联系，请他们为青龙经济开发献计献策。

目前，青龙县存在的主要问题：一是电力不足。该县新增金矿、铁矿、理石米厂近100个单位，造成了计划外用电指标多，供电指标少，供需矛盾越来越突出。上半年停电30天，7月份停电10天，影响了矿山机械化生产的正常进行。同时，超指标用电多，加重了青龙人民的负担。二是技术力量不足。现有人才不适应果、矿、牧综合开发日益发展的需要。三是黄金走私仍很严重。县里虽然加强管理，并进行了严厉打击，但走私活动由明变暗，今年仍外流黄金2000两左右。四是去年该县卖给国家的3327两黄金的82.5万元的黄金补贴款，至今还未发放下来，影响了农民交售黄金的积极性。以上存在问题，该县正采取措施抓紧解决，并希望上级有关部门从多方面给予帮助和支持，为青龙脱贫致富、实现经济腾飞作出贡献。

1987年10月

卢龙县人民在致富的道路上阔步前进

卢龙县委、县政府带领全县人民，坚定不移走“挖三宝”（挖甘薯深加工、引青渠水、矿石开采之宝），“聚四财”（聚粮、果、牧、工之财）的致富之路，不断取得新的成果。去年全县工农业总产值实现30731万元，比上年增长15%；乡镇企业总产值完成11314万元，比上年增长34.4%；财政收入完成2103万元，比上年增长15.2%；城乡储蓄总额实现12000万元，比上年增长17%；社会商品零售总额达到17182万元，比上年增长26%。特别是农业，在全国性萎缩、徘徊和自然灾害较多的情况下，粮食产量达到43600万斤，连续三年达到历史最高水平，成为全省12个持续五年增产的县份之一。全县农民人均纯收入达到618元，比上年增长15.5%，比1983年增长了1.4倍。今年他们在中央、省、市农村工作会议精神的鼓舞下，力争有一个新的突破。几年来，他们是怎样走过来的呢？

首先，从实际情况出发，加强甘薯县建设，增加农业收入

卢龙县地处长城脚下，是一个典型的农业县，85%以上农民属于“耕耘型”，不善务工经商。自1984年全县越过人均收入300元的“温饱线”之后，农民强烈要求剩余劳力能够就业，争取尽快致富，但由于多数农户世代为农，劳力素质较低，又都陷入“务工没出路”“想富不会富”的困扰之中。如何引导广大农民奔上致富之路？县委、县政府在深入了解农民经济、思想现状的基础上，坚持实事求是的原则，作出了有利于农村经济发展和农民普遍富裕的决策，即充分利用本县山地丘陵多、光照充足、无霜期长、昼夜温差大等自然优势以及农民技术专长，发展传统的甘薯生产，建设甘薯基地县。这一符合农民愿望和经济规律的选择，经过连续三年的实践，显示出巨大的发展潜力，已经形成了甘薯生产、加工、销售一条龙发展农村经济新格局。去年全县甘薯种植面积发展到31.7万亩，占总耕地面积的49%，总产鲜薯11亿斤，加工淀粉2亿斤、粉条1亿斤。仅甘薯

生产加工一项，每个农民平均收入就达到420元，占人均纯收入的67%。农民从甘薯生产上得到了较大的经济收入，形成了以甘薯生产为主的农业投资环境，两年围绕甘薯加工层次投入资金1300万元。据对80个不同类型农户的典型调查，当年生产费用支出，1983年为人均127元，1986年增加到217元，1987年又增加到260元，是1983年的2倍多。购置生产性固定资产支出，1988年人均25元，1986年增加到28元，1987年又增加到64元，是1983年的2.6倍。几年来全县农户新增甘薯加工机械达1.7万台件，实现了种植业与农产品加工业在家庭内部的结合，使家庭经营形式得到了进一步稳定和比较充分的发展。在全年农业总收入中，有5980万元属于薯类加工增值，按照同年乡镇企业的资金利润率计算，如果兴办其他企业，取得同等收入需要投资16718万元，这在资金短缺的情况下是难以办到的。

其次，加强农业基础建设，积极开发“一渠百库”资源

卢龙县70年代投资上亿元、投工2586万个，先后兴建了121座小水库、197座塘坝和一条长达66.3公里、10个流量的引青灌渠，使全县基本形成了纵横交错的水利网。为了充分利用这一资源优势，增强农业发展后劲，县委作出了综合开发“一渠百库”的决定。即：在山顶上栽植薪炭林、在渠上半山腰荒地栽种用材林，大渠两侧和百库周围建设优质果园，渠内养鱼，渠下建设高效益农田，河岸营造防护林带。从1986年开始，县委、县政府集中力量，为“一渠百库”分层开发进行服务，投资500多万元，帮助农民解决林木种苗，提供浇水设备，并制定具体政策，调动了广大农民投身开发的积极性。到目前为止，全县造林6.02万亩，建优质果园8.5万亩（其中新栽5万亩，改造3.5万亩），建高效益农田10.8万亩，高密度养鱼6731.9亩。最近经中科院等20多名专家鉴定，被认定为优质工程，达到国内同类项目的先进水平。“一渠百库”分层开发，坚持瘠薄丘陵坡地栽果，肥沃土地发展高效益农田，较好地解决了林粮争地的矛盾，土地得到了合理利用。到1995年，新栽植5万亩果树，每亩可生产优质果品2000斤，按每斤0.5元计算，可创产值5000万元，是种植甘薯的13.2倍。

大渠两侧和百库周围3.5万亩老果树，经过改造每年可增加产值3000万元，再加上荒山造林、渠库内养鱼以及高效益农田建设，1995年以后“一渠百库”分层开发总效益可达到1亿元，全县农业人口可人均收入267元，如按所涉及的14个乡镇、36645个农户、136404人口计算，可户均2728元，人均733元，大大超过现在人均收入水平。同时，大批优质果品还可为发展果品加工提供充足的原料，为全县农村经济不断发展创造了条件。

再次，围绕农业发展乡镇企业，促进工农业共同发展

农村第一步改革胜利完成之后，掀起了大办乡镇企业的热潮，一时“无工不富”的声音大大超过了“无农不稳”。在这种情况下，县委、县政府既没有因资金短缺、交通不便、技术力量薄弱等制约因素而停步不前，也没有以牺牲农业为代价去发展乡镇企业，而是遵照市委提出的“打基础，求发展”的战略思想，从本县实际出发，扬长避短，大力发展以农副产品为原料的加工业，走上了从种植业向养殖业、加工业延伸的道路，形成了农业与工业相互依赖、相互促进、协调发展的产业格局。到目前，全县以农村产品为原料的加工业已初步形成了六个系列：一是甘薯生产加工系列。全县已有8万农户具备了甘薯加工能力，加工层次不断深化，鲜薯加工成淀粉的数量达90%，淀粉加工成粉条的数量达60%以上。以甘薯加工后的主、副产品为原料的粉丝厂发展到7座，酒厂6座，乳酸厂、柠檬酸钙厂、粉皮厂、甘薯罐头厂各1座，这些厂家年创产值达2100多万元。二是鹌鹑肉、蛋生产加工系列。全县鹌鹑养殖户达到500多户，饲养量达到75.6万只。卢龙车站乡和刘家营乡侯各庄村两个鹌鹑肉、蛋罐头加工厂，年加工量88吨，创产值460万元。三是牛羊奶、羊毛生产加工系列。全县养羊专业户已发展到160个，年存栏达到6.6万只。孟时各庄奶粉厂日加工鲜奶7吨，年创产值130万元；饮马河毛纺厂年加工羊毛100吨，创产值130万元，产品供不应求。四是鹅及羽毛生产加工系列。全县鹅已发展到14万只。新建的侯家坡羽毛制品厂，年创产值35万元。五是果品生产加工系列。已有天马食品厂等3个加工厂家，年创产值101万元。六是稻草造纸、纸箱生产加工系列。已有4个加工厂家，年创产值1567万元。目前全县以

农副产品为原料的加工企业已有2570个，产值占整个乡镇企业总产值的78.2%。形成了农副产品加工促进乡镇企业，乡镇企业促进种植、养殖业发展的良性循环。

第四，完善双层经营体制，强化社会化服务

在开始推行家庭联产承包制时，由于缺乏经验和其他种种原因，许多地方统分结合的原则坚持得不好，集体财产有的分了，有的卖了，集体的工副业摊点有的也解散了，从而双层经营中统的层次一开始就“先天不足”。据当时统计，全县村级集体积累由包干到户前的7231万元，下降到3756万元，减少了48.1%。为了完善双层经营体制，强化统的层次，更好地为农户提供服务，县委、县政府采取了一系列有效措施。一是从清财入手，收拢集体财产和集体资金。对在包干到户时流失的集体财产，采取公物还家形式，收回了一大部分；对用低价购买的集体财产，经群众讨论，适当调整价格；对长期拖欠的公款，限期收回。经过深入细致的工作，共收回集体积累资金1663万元。二是完善村级合作经济组织。通过选举干部，建章立制，强化服务，全县各村合作经济组织都实现了有组织、有地点、有牌子、有印章。多数村制定了社章，明确了性质、任务、服务宗旨、职责范围，以及社员的权利与义务和干部目标管理责任制。三是完善土地承包合同。进一步明确了农民使用土地必须承担的粮食定购、农业税、提取集体积累和乡村两级统筹等。四是强化社会化服务。在全县547个村级合作经济组织中，生产服务项目在五项以上的有301个，三至四项的227个，一两项的19个。由于狠抓了协调和管理，较好地完成了集体各项提留、农业税收及粮油合同定购任务。在资产积累上，全县村级合作经济组织投资1200多万元，投工60多万个，搞了1250项农田水利工程建设。其中新打机井412眼，配套机井913眼，维修机井712眼，维修渠道67条、长4.2万米，新修渠道31条、长3.75万米，建扬水点14处，安装管道3.1万米，修拦河闸截潜流21处，新修河防工程29道、总长935米，水库除险加固27座，完成小流域治理18.7平方公里，改造低产田2.1万亩，扩大水浇地面积3500亩，完成绿化工程6万多亩。通过对统的层次服务功能的强化，

使统分结合的双层经营体制得到了进一步健全和完善，全县建立起各种类型的服务组织3959个，其中县、乡办的363个，村联办的2553个，联户办的800个，个体办的243个。帮助农民解决了一家一户从事商品化、专业化、社会化生产自身难以解决的问题。1983年以来，各级服务组织共向农民提供化肥23万吨、农药1800吨、优种300多万斤；举办各种类型的技术培训班1398期，培训农民3.6万人次，较好地满足了农民的生产需求；在农业生产上，不少乡村已经实现了统一机耕、统一播种、统一浇水、统一植保、统一脱粒。较好的产前、产中、产后服务，有效地促进了全县农业生产的发展，近几年全县粮食面积始终稳定在57万亩左右，单产平均在750斤以上。

在新的一年，立足农业基地县建设，狠抓当前各项工作的落实

根据中央、省、市农村工作会议精神，县委、县政府从建设农业基地县的长远目标出发，对全年工作进行了安排部署，并不失时机狠抓了落实。一是认真解决基层干部思想中存在的新形势下农村工作“不会管，不好管，不用管”的畏难和盲目乐观情绪，端正对“各行各业与农业、乡镇企业与农业、粮食生产与林牧生产、甘薯与其他农作物”等几个关系的认识，使全县上下形成人人关心农业、各行各业支持农业的良好局面。二是认真抓好国家、县、乡、村、户五级对农业的投入。用好国家对玉米基地县、黄淮海平原开发等专项拨款。努力加强地方财政建设，增加财政收入，进一步深化乡镇财政体制改革，调动乡镇生财、聚财、理财积极性。今年已用3个月时间，对全县26个乡镇财务进行了清理，澄清了乡镇自有资金的来龙去脉，为乡镇领导今后当家理财统筹安排，科学决策，提供了可靠的数据和资料；查处了一批违纪案件，追回了赃款；收回自有资金17.6万元；加强了农业发展资金的管理，补提农业发展资金84.1万元。三是抓好农田水利基本建设。经过一冬一春的努力，除实现“改土3万亩，亩增吨斤肥”的目标外，水利建设取得了很大进展。全县今年安排水利工程2172处，现已完成总工程量的80%；全年农田水利建设投资预计可达到1005万元，其中县以上投资485万元，乡村自筹

455万元，贷款65万元。四是搞好技术投入。去冬今春，利用乡党校、夜校举办各类培训班、广播电视讲座，开展技术咨询，有近3万名青年农民、在乡中学生和复退军人学到了一两项农村实用技术。通过技术培训、开展技术咨询和印发技术资料，达到了“一家一户有一张明白纸，一家一户有一位明白人”。此外，县五套班子成员，农业、水利、电力、财政、供销和各乡镇干部共1517人，组织起5个农业生产承包集团，负责抓好10.58万亩的甘薯丰产方和13万亩的玉米丰产方，为夺取全县农业丰收保驾。五是大力发展畜牧养殖。以家庭养殖为基础，以适度规模为方向，以推广常规技术为保证，以实现养殖、加工、销售一条龙为关键措施，力争今年全县实现一人一猪，养牛1.8万头，羊4万只，鹅20万只。六是继续发展林果生产。管理好5万亩幼果树，搞好老果树的更新复壮，逐年提高果品产量。七是加强对乡镇企业的领导。在能源和资金紧张的逆境中，通过兑现奖惩措施，搞好配套改革，使效益进一步提高。八是继续搞好“六镇一站”建设。石门工业加工区在实现三通一平的基础上，力争年内6个项目都投入生产。全镇到年底争取突破工农业产值1亿元。

卢龙县人民沿着致富之路越走越宽广，对未来充满了信心。他们决心乘中央、省、市农村工作会议的东风，继续深入扎实贯彻落实中央治理整顿、全面深化改革的方针，大力发展农业，加快开放县建设步伐，通过艰苦不懈的努力，使全县两个文明建设再创新成绩，人民生活水平再迈一个新台阶。

1989年6月

前景广阔的致富之路

——卢龙县利用当地资源优势振兴农村经济的调查

卢龙县属秦皇岛市管县，北依燕山，南临京山铁路，总面积1021平方公里；辖37个乡镇，547个行政村，37.7万口人。1978年以前人均收入在100元左右徘徊，是一个比较贫困的农业县。十一届三中全会以来，特别是1985年以后，县委、县政府为加快致富奔小康的步伐，在全县上下开展了宏观战略大讨论，确立了“立足本地资源，着眼普遍富裕”的经济工作指导思想，分析筛选出具有卢龙特色的“甘薯生产加工、‘一渠百库’和以石灰石为主的沙石资源”三大优势，并从这三大优势出发，制定了符合卢龙情况的《发展战略》，确定了“挖三宝”（挖甘薯深加工、引青渠水、矿石开采之宝），“聚四财”（聚粮、果、牧、工之财）这样一条群众致富的路子。两年来，经过全县干部群众的共同努力，利用当地资源优势振兴农村经济出现了可喜的局面，并展现出广阔的发展前景。

以家庭经营为基础的甘薯生产取得了突破性进展。该县把甘薯生产加工列为三大优势之首，是完全符合卢龙实际情况的。一方面，卢龙远离大城市，交通闭塞，工业、商业的发展限制因素很多，困难较大。另一方面，土壤气候条件适宜甘薯生产。全县64万亩耕地，80%是丘陵和山地。浅薄的褐色沙性土壤通透性好，秋季降水量集中，无霜期长，光照充足，昼夜温差大，而甘薯生长正需要这样的自然条件。50多年来，卢龙县甘薯种植面积逐年扩大，产量逐年提高，而且在长期的实践中摸索出一套甘薯加工经验，一批农户搞起了家庭甘薯加工业，不仅解决了吃粮问题，也增加了经济收入。三年困难时期，卢龙人民靠种甘薯渡过了灾荒；党的十一届三中全会以后，随着农村政策的落实，农民自发地大搞甘薯生产、加工，很快解决了温饱问题。但是过去卢龙农村甘薯生产加工主要还是在价值规律的支配下，群众自发地搞起来的。1986年经过全县宏观战略大讨论之后，各级干部和群众对大搞甘薯生产加工有了新的认识，从不自觉到比较自觉。

全县上下一致认为，大搞甘薯生产是山区县利用土地资源，发动千家万户大搞商品生产的一条重要途径。今年以来，全县甘薯种植面积由去年的25万亩扩大到32万亩，分别占耕地面积的49.7%和粮食作物面积的57.4%，其中落实亩产5000斤以上的高效益甘薯田10万亩，总产量可达到历史最高水平。立足于实现甘薯生产、加工、销售一条龙系列化，在生产上狠抓了改土增肥、普及优种、壮秧早栽、合理密植、科学管理等五项常规增产措施，并着手建立稳固的甘薯生产基地和与之相应的试验、示范、培训、推广中心和技术服务网络；在加工上狠抓了加工能力的提高，使手工业加工向机械化加工、半机械化加工发展。县乡农机厂和农机研究所研制出新型号机械达11种，还从内蒙古、南方等地引进了部分加工机械。全县共上机械化生产线400多条，建投资10万元以上的粉丝厂10个，为形成大批量生产创造了条件。农民也出现了投资热，购置的加工机械达1.4万台（件）。地处南部的6个乡，家家户户都有了“五小”或“六小”，即小毛驴、小双轮车、小水柜、小电动机、小粉碎机或小漏粉机，很多农户还购置了用于加工、销售的小拖拉机。加工机械的改善，使加工层次逐步深化。现已开发出以甘薯为原料的淀粉、粉条、粉丝、乳酸、柠檬酸钙、糖果、薯脯、罐头、京糕条、油炸薯皮等系列产品，使卢龙甘薯系列产品的知名度不断提高。在销售上侧重抓了市场体系建设，初步形成了以专业市场为依托，以多布点、多层次的贸易货栈为骨架，以一批农民经销队伍为纽带的销售体系。目前在石门、刘田庄、燕河营、陈官屯、双望等地建设的能销售能批发、能贮存能运输的甘薯专业市场已初具规模；工委、乡、村、户建立的各种类型的贸易货栈达952个，并开辟了县外市场，有4万农民进入了流通领域。全县农民已经从甘薯的生产加工和销售中尝到了甜头。今年全县可生产12亿斤鲜薯，按现行价计算，加工生产2亿斤淀粉，可收入1.4亿元，再深层加工，可收入1.5亿元。

“一渠百库”地区勾画出了农、林、牧、果、渔综合发展的美好前景。贫困县脱贫致富，最关键的一条，就是把握资源格局，并能把资源优势转化为经济优势。青龙河、滦河流经卢龙县西部，涉及10个乡镇，57个村。

在70年代前期，卢龙县修建了被誉为“群星落地”的121座小型水库、197座塘坝，总蓄水量达5910万立方米。70年代后期，他们又利用青龙河水利资源苦战五年，修建了贯穿全县、全长68.5公里、引水10个流量、称为“天河下凡”的“引青（青龙河）灌渠”。但由于当时片面强调“以粮为纲”，对“一渠百库”的利用仅限于浇灌3万亩粮田。实行大包干责任制后，一度又停止了配套建设，使“群星”没有放出异彩，“天河”之水也大部分白白流掉了。为了充分利用这一优势，县委、县政府决定综合开发“一渠百库”，在引青渠两侧和百库周围建设高效益果园、高效益农田、高效益养殖基地，使它形成渠库上侧有林果、渠库下侧有农田、渠库里面有鱼虾的立体致富带、致富圈。在实施这一战略规划时，他们把林果生产作为突破口，狠抓了“两带”（青龙河岸防护林带和引青渠两侧水土保持经济林带）绿化工程的建设。成立了“两带”绿化工程领导小组，并抽调7名科技干部组成“两带”绿化工程办公室。邀请了河北林学院60名师生帮助规划设计，经过两个试点的探索，拿出了“两带”建设的实施意见。他们主动联系省农林科学院、中国农科院果树研究所、河北林学院、北京林业大学等6所大专院校和科研单位在卢龙确立了试验和科研项目，带动了全县林果技术水平的提高和普及。由于“两带”工程合民心，顺民意，全县去冬以来出现了前所未有的可喜局面。“两带”共完成造林39487亩，其中青龙（滦）河防护林带9336亩，引青渠水土保持经济林带30151亩。并带动全县完成造林69230亩，其中防护林12903亩，各种水土保持经济林56327亩，成活率平均在90%以上。围绕“一渠百库”进行的层开发已取得明显成效。顶层，即荒山绿化层，发展以洋槐为主的薪炭林，有的已绿树成荫，有的已栽植成活。既促进了山地绿化，也解决了农民烧柴问题。第二层，即栽植杂果层，今年已种植杏、李、海棠等各种杂果2万亩。第三层，即65公里优质果品致富带，进行苹果、桃等树种的等高栽植。今年在原有7万亩果树的基础上，又发展了5万亩，栽果150万株。第四层，利用渠库水发展养殖业。养鹅已突破20万只，近7000亩水面发展了养鱼。第五层，利用渠库自流水，发展水稻、小麦玉米两茬等高效益农田。现已发展水稻15000亩，小麦玉米两茬30000亩。据初步测算，到1995年，“两带”绿化工程可提供优种优质果品6392万斤，平均价格按每斤0.30元计算，产值可达1917.6万元；提供优质木材10万立方米，平均价格按每立方米200元计算，产值达2000万元。共计经济效益可达5000万元。

以农副产品加工为龙头的乡镇企业正在向纵深发展。在城市经济体制改革日趋深入、城市企业活力逐步增强的新形势下，乡镇企业的发展面临着一场严峻的挑战。由于人才、技术、运输等方面条件的制约，卢龙乡镇企业不能与城市企业正面抗衡，只能甘当配角，走为大城市企业拾遗补阙的道路。而大力发展以甘薯为原料的加工企业，正可与大城市企业避开竞争，走出一条山区、半山区乡镇企业发展之路。因此，卢龙县乡镇企业就从甘薯这个农产品起步，在甘薯的多层次加工增值上进行突破，带动了全县乡镇企业的发展。1986年年底，乡镇企业总产值占工农业总产值的比例，已由1983年的11.9%上升到30%；上缴税金占全县财政税收入库的比例，已由1983年的23%上升到28.6%。到今年8月底，乡、村、联户、个体四级乡镇企业总数已发展到8559个，从业人员达25968人。总收入完成5680万元，比去年同期增长42.8%；总产值完成4611万元，比去年同期增长22.4%；实现利润1142万元，比去年同期增长7.6%；上缴税金238万元，比去年同期增长33%。该县注意抓一个企业带一片群众致富。相公庄乡乔各庄食品厂生产的鹌鹑蛋、肉罐头，1985年获农牧渔业部优质产品奖，达到了部颁标准，产品销往全国20多个省市和地区。1986年产值达150万元，实现利润17万元。今年形势又好于去年，至9月底产值、利润、上缴税金分别比去年同期提高61.1%、43.1%和38.4%。鹌鹑系列产品的开发，带动了附近乡村鹌鹑养殖业的发展。目前养殖户已达到500多户，饲养量达15万只。去年全乡农民养殖鹌鹑纯收入38万元，今年可达到70多万元。应各庄乡投资40万元建成的柠檬酸钙厂，年生产300吨柠檬酸钙全部由外贸经销出口，可创外汇20万美元。生产柠檬酸钙的主要原料是本县大量的甘薯加工下脚料粉渣，每年需1500吨，当地农民不仅从出售粉渣中获得收入40万元，而且还促进了甘薯种植和加工业的发展。孟时各庄乡奶粉厂和饮马河乡毛纺厂，都是与当地养殖业相配套的资源开发型企业。奶粉厂日处理鲜奶10吨，产成品奶粉1.4吨，生产的孤竹牌奶粉达到了部颁标准，产品畅销，供不应求。毛纺厂生产的海军呢，经技术鉴定，也达到了部颁标准，年生产12万米，需羊毛100吨，这两个企业带动了全县养羊业的迅速发展，羊的饲养量已由1983年的4.3万只发展到1986年的7.4万只，增长了72%。该县还注意抓了12个集镇乡率先发展。1986年年底，12个集镇乡又新上了60多个小企业，逐步成为全县经济发展的窗口。该县利用多山多河，石灰石、白云石、沙石等储量大的得天独厚条件，大力发展建材业。建立采石厂89个，采沙场33个，从业人员2000多人，年开采石料100多万吨、沙料60多万立方米，并以此推动了交通运输业的发展。到1986年年底，从事沙石采运汽车和大小拖拉机已发展到1692台（辆），企业个数达2016个，从业人数3445人。沙石采运产值达1657万元，占乡镇企业总产值的25.2%。他们本着“加强联系、广泛接触、热情接待、互惠互利”的原则，同县、省内外有关部门进行了多渠道、多方法、多形式的横向经济技术联合。到目前，全县乡村两级就有横向联合企业88个；引进各种技术、管理人才102人；引进各类技术项目40多个；引进资金167万元。打开了卢龙县与外地交往的渠道，弥补了自己资金、技术、人才等方面的不足，使乡镇企业越办越红火。全县来料加工和补偿贸易等形式的企业已发展到30多个，总投资100万元，年创产值200万元，获利税65万元。全县乡镇企业建筑队就达164个，有40多个建筑队、5000多人进入天津、北京、唐山、秦皇岛等地参加市政建设。该县在发展乡镇企业中，还特别注意向高、精、尖发展。他们在上海工业微生物研究所的指导下，建成了年产500吨DC型乳酸的乳酸厂，该厂生产的DC型乳酸，已打入西德、荷兰等国市场，出口额、创汇额占全国同行业之首。今年已订合同600吨，可创外汇63万美元。该县下寨乡朱庄子村农民张凤楼，以一个农民企业家的气魄，投资15万元，个体兴办了“秦皇岛长城银幕厂”。经专家测定，他生产的金属银幕达到了部颁标准，填补了省内的空白，已形成了生产能力，同意批量生产。其产品可与西安、上海两个国营生产厂家相媲美，成为全国三个优质银幕厂家之一。该产品已销往全国21个省市，得到了首都等各大电影院的好评，认为该厂生产的金属银幕的亮度系数及散射角度，达到了国内的先进水平，并受到外宾的赞赏。最近国家机械委发函邀请他的产品参加首届中国机械工业博览会。张凤楼同志雄心勃勃，计划明年再上电化教学银幕新产品，年生产2500套，可获产值90万元，为我国普及电化教学作贡献。

“地薄人穷的甘薯县”，这是卢龙县过去面貌的真实写照，如今的卢龙县已开始奔上了前景广阔的致富之路。卢龙县委、县政府不满足已经取得的成绩，正在总结过去的工作，进一步深化农村经济体制改革。可以确信，卢龙县只要沿着这条路走下去，在不久的将来，一个兴旺发达的新卢龙必将展现在人们的面前。

1987年10月

人　物　篇

悼念裴仰山同志

中国共产党的优秀党员、忠诚的共产主义战士、原河北省委书记裴仰山同志离开我们将近3年了。随着时间的流逝，对于仰山同志的怀念不是变得淡漠，而是愈加强烈了。我现在仍然十分清楚地记得1982年7月3日在石家庄殡仪馆向仰山同志遗体告别时的情景：在哀乐声中，我和同志们缓步从仰山同志遗体旁边走过，在经过“文化大革命”期间林彪、江青反革命集团对他的长期残酷迫害和病痛折磨后，在青松和鲜花之中他的面容仍然是那样坚毅、亲切，蓦然，我和仰山同志相识40多年的往事，像闪电一样在我脑海中一幕一幕地展现在眼前。

1943年5月，在延安经过整风运动后，我被西北局、绥德地委分配到清涧县工作。裴仰山同志当时是清涧县委书记，他对待我这样一个刚出校门的青年学生十分亲切，他一眼就看到我的行李单薄（我只有一床薄被和未絮棉花的褥子），当下就吩咐县委杨秘书，让给我的被褥添絮棉花。对我希望到区、乡工作的意见给予支持、鼓励，并且要我对到基层工作的艰苦困难作好思想准备，要去掉学生气，注意同区乡干部和群众打成一片。所有这些亲切的关怀和教育，帮助我逐步克服了一个青年学生和工农干部、农民群众相处时所遇到的生活上以至思想情感上的距离，在和工农结合的道路上，迈出了重要的一步。

1945年9月3日日本投降后，我有幸在西北局的安排下参加了以裴仰山为队长的赴前方工作队。1945年10月初从延安出发，经过两个多月艰苦而紧张的行军，经过陕西、山西、察哈尔、河北等省，在12月底胜利到达冀东区党委。日本投降后，很多地方的日军和当地顽伪结合，拒绝向我军投降，并且继续向我根据地侵扰。我们的工作队是由带有极少量武器的地方干部组成的。带领这一支队伍，多次穿过日伪的封锁线，长途跋涉，胜利安全地到达目的地，显示了作为队长的裴仰山同志对全队同志和对党组织的高度负责精神、强有力的组织才能和在危险、紧急时刻的沉着、机智、勇敢。裴仰山同志每天在紧张行军到达休息地，当同志们在吃饭、洗脚、休息之后，他还要对周围情况进行调查了解，对明天的行军路线进行缜密的研究，特别是在离敌人据点较近的地方，要求提高警惕，防止敌人的突然袭击。在两个多月的行军途中，仰山同志要比全队其他同志睡得晚起得早，长时期的紧张的操劳，他的面庞明显地消瘦了。在一次从山西五寨某村出发通过同蒲路的夜行军中，当涉水渡过桑乾河后，突然远方出现了火光，队伍中传说敌人从据点出发了，远方有汽车的运行声，在这个紧急的时刻，仰山同志沉着冷静，带领全队同志快速穿过公路，安全地走进山区。而这时却有一位曾经担任县级领导职务的同志惊慌失措，独自一人骑马离队逃走，直到第二天早晨经过多方寻找，才和队伍会合，成为全队干部的笑柄。

1946年年初，裴仰山同志被分配到冀东十五地委任副书记，我被分配到十二地委抚宁县委工作。1947年4月我到褚庄区党委党校学习时，在区党委机关所在地，我又看到裴仰山同志，他已从十五地委调冀东区党委组织部工作。这时他因患病面色苍白，身体瘦弱，同志们都劝他暂时离开工作专门休息治疗，但他仍然在生活、医疗条件十分困难的情况下，拖着病弱的身体，坚持工作。他热情地询问我到抚宁县委以后的工作和生活情况，鼓励我在党校努力学习，学完后积极投入当时全区正在开展的轰轰烈烈的土地改革运动。

1948年12月唐山解放，1949年冀东区党委撤销，裴仰山同志调到唐山市委任组织部部长，以后任市委书记。我也于唐山解放前夕调到唐山市委工作。较长时间内我在仰山同志的领导下工作，对他的思想、工作作风的了解和体会更深了。

唐山解放后，仰山同志在城市工作中坚决贯彻了中央七届二中全会的精神，全心全意依靠工人阶级，把恢复和发展生产作为城市的中心任务。在唐山解放前，国民党反动派为了分裂工人阶级，给我们的工作制造困难，国民党市党、工矿党两个系统强迫大批工人加入国民党，不然就砸掉你的饭碗，开除厂籍。我们进城后，在工厂进行民主改革、肃清反动的把头势力、恢复和发展生产中，如何对待这些被迫参加国民党的工人，是一个亟待解决的问题。在华北局和省委的指示下，仰山同志帮助基层党组织妥善处理了这个复杂的问题，明确指出：凡被迫参加国民党而又无实际活动的工人，一概作为一般历史问题，必须严格和反动党团分子加以区分，仍然是我们依靠的力量，解放后表现好，符合工会会员、共产党员条件的，不影响参加工会和入党。这一问题明确解决以后，各厂矿的民主改革深入发展了，很快建立了工会和基层党的组织，从而团结和带动广大职工恢复和发展了生产。

仰山同志在唐山市委的多年工作中，充分地表现了一个组织家的特点，他作风平易近人，密切联系群众，对广大干部热情关怀、耐心教育，善于把各方面的干部团结在党的周围。我当时主持钢厂党委工作，年轻气盛，动辄批评下级，党委组织部部长对我很有意见，找到仰山同志反映。仰山同志并没有直接对我进行批评，而是让这位组织部部长找我谈心，指出我作风上存在的缺点。仰山同志对下级干部的信任，使我十分感动，受到深刻的教育，并注意在行动上认真纠正自己作风上的毛病。还有和我一起在钢厂工作的一位领导同志，在生活作风上出了问题，他爱人为此大吵大闹，周围同志议论纷纷，弄得他很难工作下去。仰山同志知道这件事后，立即和这位领导同志作了个别谈话，对其进行了严肃批评。同时要求钢厂党组织做好其爱人和周围同志们的工作，指出只要他对生活作风上的错误认真做了检查，应该允许他改正错误，继续工作，不要一棍子打死人。仰山同志对于同志们的缺点、错误，就是这样耐心、热情地帮助教育，真正贯彻了毛泽东同志一贯教导的“惩前毖后，治病救人”的方针，使人口服心服，心里热乎乎的，从而激发其革命积极性，更好地为党工作。

仰山同志是一个贫农出身的工农干部，但他十分尊重知识和知识分子干部，善于和知识分子谈心交朋友，并从思想政治上帮助他们。唐钢的总工程师余景生，是一位具有一定技术、业务水平但思想清高的技术干部，仰山同志多次找他谈话，帮助他提高觉悟，努力工作，最后介绍他入了党，使他在唐钢、冶金部为党、为冶金工业作出了更大的贡献。

在历次党内斗争中，仰山同志始终是坚持原则，实事求是。在1959年反右倾斗争中，由于我对1958年“大跃进”中只求速度、不顾产品和工程质量、造成严重浪费的问题，说了几句实话，受到了严厉的批判，说我犯了“反对大跃进、反对总路线”的路线错误，并被定为“右倾机会主义分子”，当时仰山同志已经调省委监察委员会工作，据事后了解，他对于市委对我的定性处理多次提出不同意见，但市委坚持原议不变。直到1962年中央“七千人大会”，中央指示各级党组织对“反右倾”运动批判和处理的干部进行甄别平反后，市委有关同志仍按兵不动，只是在仰山同志到唐山进行督促检查，明确指出对“反右倾”运动中受到错误批判处理的同志，必须实事求是，有错必纠以后，我和一批1959年受批判的同志才得到彻底平反。但这在“文革”中居然成为仰山同志的一大“罪行”。

在“文化大革命”期间，仰山同志遭受林、江反革命集团的残酷迫害，在精神上肉体上受到严重的摧残和折磨。他被打断了腿，身患重病而得不到应有的治疗。但他坚贞不屈，同林彪、江青反革命集团的倒行逆施进行了坚持不懈的斗争，对革命前途和党的事业充满信心和希望。当1981年夏天他重新回到省委工作的时候，我在河北宾馆见到他，虽说他瘸着腿，倾着上身（他内胸腔积水，已去掉几根肋骨），但依然神采奕奕，精神抖擞，依然像过去那样关心同志，询问我在“文革”中的遭遇和最近的工作情况，并且嘱咐我鼓舞斗志，更好地工作。仰山同志在恢复工作以后，以病残之躯，坚持工作，顽强努力，为在河北拨乱反正，落实政策，同“左”的思潮、“两个凡是”的错误思想进行了坚韧不拔的斗争。在1982年5月他的病情恶化时，我在北京河北办事处看到他，他不顾病痛的折磨仍然在关心全省和唐山市落实十一届三中全会和六中全会决议的情况，关心着我和许多老同志的工作和生活。时隔仅一个多月，竟传来仰山同志在石家庄病逝的噩耗。

仰山同志离开我们将近3年了，但他的高尚的革命品德、顽强拼搏的革命精神、优良的工作作风将永远活在河北省广大干部和人民群众的心里。

1985年6月

（原载1985年7月3日《秦皇岛日报》）

斯人已逝　劲节可追

——怀念刘亦如、王巨峰、宋志远三同志

在十年“文革”中，有几位我所熟悉的老领导、老战友先后惨遭迫害，含恨而去。每当回首往事时，他们犹如生前一样显现在我的眼前。

老地委书记刘亦如

1945年日本投降后，我所参加的赴前方工作队于10月初从延安出发，途经陕西、山西、察哈尔、热河、河北等省，历时3个月，于年底到达冀东区党委所在地玉田县城。在区党委负责同志向从后方来的全体干部作了当前形势和任务的报告，组织部门分别和同志们个别谈话后，我和索国仁、罗平等五人于1946年年初到了十二地委所在地燕河营。地委书记刘亦如、组织部部长石堂、宣传部部长陈东于次日在一家农舍内接待了我们。他们一方面向我们介绍情况、分配任务，同时让我们吃花生、冻梨，气氛亲切、融洽，特别是地委书记刘亦如，他那平易近人的态度，热情、幽默的谈吐，给人的印象很深。不久，我就被分配到抚宁县委宣传部工作。

在抚宁县委工作期间，和地委领导同志的接触虽说不多，但全区干部对亦如同志艰苦朴素、深入基层、密切联系群众的作风是有口皆碑的。亦如同志是知识分子出身，他能写一手好文章，讲话通俗、幽默、生动，很受干部群众的欢迎。他的言行成为全区干部学习的榜样。1948年11月东北大军进关后，冀东地区先后解放。亦如同志被调至冀东后勤司令部，我也被调到唐山市委宣传部工作。1949年年初，我曾去军区后勤司令部看望他。亦如同志谆谆教育我，在全国革命胜利的日子里，要保持清醒的头脑，要像一个汽车司机那样，不要三心二意，不要左顾右盼，目光要永远向前，沿着党所指引的方向前进。这番语重心长的谈话，对我解放后的生活和工作影响很大，至今我仍牢记心头。全国解放后，亦如同志被调至河北省政府工作，我乘去京开会之便，曾专程去保定看望他。不久他又被调至包头

一军工厂任党委书记。1958 年 8 月，党中央政治局在北戴河开会讨论人民公社化和钢产量翻一番的问题，工业系统同时召集全国大企业负责同志开会，研究如何保证和支持钢翻一番。我又一次见到亦如同志，因会议很紧，编组不在一起，只是见面寒暄了几句，没有多谈。这也是我们最后一次见面了。“文革”前夕，他又被调至上海负责领导一个大型军工企业。“文革”后期，从一个老同志那里获悉，在上海“揪叛徒”的恶风浊浪中亦如同志在精神、肉体上受到造反派的残酷折磨，含冤逝世。

县委书记王巨峰

1946 年至 1947 年，我在抚宁县委宣传部工作期间，巨峰同志任县公安局局长，国桥同志为县农会主任。我们三人当时都很年轻，又都是知识分子出身，有共同语言，日常接触较多。当时县委机关在台营镇，晚饭后，我们一起到学校去打球，或者到郊外散步，高兴的时候，还会由巨峰用口琴伴奏，我们三人引吭高歌：“五月的鲜花，开遍了原野。”机关同志戏称我们为“三人小组”，可见关系的密切了。当然，更重要的还是彼此工作上的联系。在执行全县中心工作时，我和王巨峰经常被分配到敌我斗争比较残酷的边缘区（三、四区）。1946 年 1 月，国共停战协定签订后，边缘区的斗争不是缓和而是更加尖锐复杂了。就是在这种形势下，我和王巨峰、宋春山（武委会主任）于 1 月中旬来到三区。正当我们和区委、区政府部署当前工作时，一天拂晓遭到抚宁县敌伪军一个营的突袭，在民兵和区小队的阻击下，我和王巨峰、宋春山、万顺（区委书记）安全突围。在 1946 年全县土地改革运动中，我和王巨峰在三、四区并肩战斗，彼此配合得很好。

全国解放后，我进入唐山，从市委机关到了唐钢，王巨峰进入了秦皇岛，先后任北戴河区公安局局长、区委书记、市委秘书长。1959 年“反右倾”运动中，我受到批判，给以撤职降级处分，下放洋河水库劳动改造，曾受到巨峰同志的亲切关照，给我寄新出版的毛选四卷，写信鼓励我振作精神，不要灰心，要看得远些。在 1966 年 8 月，地委召开的传达八届十一中全会关于开展无产阶级“文化大革命”的负责干部会议上，我们又见面了，当时他已经是抚宁县委书记，我也于1962年8月平反后又回到了唐钢。作为地区干部他是受到地委信任的，我们市内干部（特别是“反右倾”运动中受到批判的）则被认为是深受杨、白“反党集团”（运动开始不久，市委书记杨远、市长白芸就被华北局前门会议定为“反革命黑帮”）流毒的影响，理应成为革命的对象。在个别接触中，王巨峰曾劝我“回去好好检讨吧”，言外之意是“没有办法，等着挨整吧”。后来运动的发展也确如巨峰所说的那样，我回厂不久，便成为造反派的阶下囚，受尽了折磨。巨峰后来被调至滦县任县委书记，该县在运动中两派武斗规模大，时间长，在唐山地区是出了名的。巨峰被造反派作为走资派活活打死，成为派性斗争的牺牲品。1983年我来到秦皇岛工作后，巨峰的老伴刘建文曾经向我哭诉巨峰惨遭造反派迫害的经过，真是句句声声尽是血和泪，令人难以卒闻。

老区委书记宋志远

唐山解放初期，宋志远任开平区委书记，我爱人在该区负责妇联工作。有时区里有事，她周末不能回家，我便到开平区。这样和志远同志有了来往，逐渐熟悉起来。志远是工农干部出身，他作风艰苦朴素，待人诚恳、爽直，没有一点客套。但是彼此真正地了解还是在10年之后。

在1959年唐山市“反右倾”运动中，因我对钢铁产品质量、二炼施工质量、生产计划水平提出不同意见，批我犯了“反对大跃进”“反对党的领导”的路线错误，给我戴上右倾机会主义分子的帽子，下放洋河水库劳动改造。当时宋志远已经是地委组织部副部长，并担任洋河水库工程指挥部党委书记、总指挥。我和市内在“反右倾”运动中犯了错误的王瑞林、王晓光、李士福于1960年10月初来到洋河水库。志远同志当即接见了我们，他说你们都是老同志，有些同志我很熟悉。对于运动中的问题不要背包袱，要向前看。在水库你们要参加劳动，同时协助各县指挥部做些行政指挥工作。以后在生活、工作上有什么困难，可以随时来找我。一席话下来，使我们这些犯了错误的人心里感到很温暖。

在洋河水库将近一年的劳动改造中，正如志远同志开始接见我们说的那样，他没有把我们当作地富反坏右那样对待，确实像对待犯了错误的同志那样关心帮助我们。他考虑到我们的身体状况，觉得完全参加劳动确有困难，便以指挥部名义，决定我们分别担任各县指挥部的副大队长，除适当参加劳动外，还参加大队的行政指挥工作；他以指挥部党委的名义决定我们每周有半天时间回工程指挥部阅读文件；他还经常找我们个别交换意见，询问我们工作、生活中有什么困难，并帮助适当解决；我们在水库劳动期间，地委曾多次了解我们认识错误、参加劳动改造的情况，事后据有关同志讲，志远同志总是更多反映我们思想认识、劳动改造的积极方面，以期协助组织更快地解决我们的问题。我们四人带着洋河水库党委对我们较好的鉴定离开水库回到唐山市，重新走上了工作岗位。每当回忆这段经历时，我们几个人都从内心感激志远同志在困难时刻对我们的帮助和支持。在当时那样的形势下，能像志远同志那样对待我们这些“右”字号人物的，确实是难能可贵啊！然而就是像志远这样的好同志也没有逃脱十年“文革”这场灾难。1966年8月“文革”开始不久，唐山市委书记杨远被批，地市委组织了杨远的专案班子，宋志远被任命为专案组组长，因为宋志远对杨远的问题比较实事求是，时过不久，造反派便传出宋志远是杨远的铁杆保皇派的流言蜚语，于是对志远的诬陷、揭发、批判的妖风便铺天盖地而来。志远同志满含着痛苦和冤屈离开了我们。

在十年“文革”中惨遭迫害、含冤逝世的党和国家领导人、各界优秀人物、我所熟悉的老领导、老战友将永远活在人民心中。愿善良的人们永远不要忘记这场灾难！

（原载1994年9月18日《秦皇岛日报》）

深切怀念杨远同志

——纪念杨远同志逝世一周年

中国共产党的优秀党员、忠诚的共产主义战士、河北省原副省长、省顾委常委、唐山市委书记杨远同志离开我们已经一年多了，每当夜深人静，回忆往事时，常常想起和他相识以来17年的交往。

1946年8月，当时我正在抚宁县委工作，杨远同志率领区党委土改工作队来到县里。据介绍，他曾担任过县委书记、地委宣传部副部长，但给人的印象却是朴实、诚恳、平易近人，没有一点领导干部的架子。不久，由于抚宁县环境残酷，工作队活动困难，杨远同志率领的工作队奉令回去。在1947年春天，根据组织安排，我去褚庄区党委党校学习，又一次见到杨远同志，当时区党委两位以“左”派自居的领导同志，在党校利用传达朱（朱德）、刘（刘少奇）指示（有关土改）的机会，猛烈地抨击与批判所谓的冀东地区以苏××为首的地主富农路线，批判各种所谓的“右倾”思想，宣传“贫雇农当家作主，贫雇农说了算”。当时冀东地区的土改运动已经开展起来，杨远同志对于运动中出现的侵犯中农利益、大吃大喝现象曾向领导提出意见。这些本来是正确的意见，也被不指名地在大会上进行了批判，斥之为知识分子不相信群众，为运动设置清规戒律的空谈。冀东土改运动中由于这种无视党的领导，违反政策的“左”倾错误，曾造成极为严重的后果。只是在1948年秋天，在中央、晋察冀中央局、冀察热辽分局帮助下，区党委召开了半壁店会议，检查和总结了冀东地区的土改工作，才纠正了错误，端正了工作的方向。

1948年秋辽沈战役胜利结束，同年11月我东北大军进关，冀东形势发生了根本性的变化。这时我正在冀东区党委宣传部工作，区党委书记吴德同志动员机关干部紧急行动起来，做好工作，迎接东北大军进关，迎接革命胜利的到来。不久，我就被调到唐山市委宣传部，在杨远同志领导下（他任副部长）工作（市委机关当时设在唐山市以北的丰润县王官营），并于12月12日夜和部队一起胜利地接管了唐山。在唐山解放后的日子里，杨远同志承担了宣传战线的重任（宣传部部长宋敏之兼任市委秘书长，宣传部的工作主要由杨远负责），他主持出版了《新唐山日报》，审阅稿件，亲自为报纸写社论；接收和改造唐山广播电台；组织干部理论、政策、时事学习；审查影院新片、戏曲节目；安排和组织对群众的宣传教育工作，等等。这个时期，杨远同志夜以继日地工作，是极为辛苦的。对于我们这些在他手下工作的年轻人则在实际工作中言传身教，具体指点，循循善诱，从不疾言厉色，批评指责，使我们受益匪浅，从他工作上、作风上、处世做人上学到不少东西。

1949年春天，唐山市委召开干部会议传达了七届二中全会精神不久，党为了加强工业系统的领导力量，我于同年7月被调至唐钢党委工作，一干就是10年。在此期间，杨远同志先后任市委工业部部长、市委副书记、市委书记。全市人民在市委领导下，胜利地完成了国民经济的恢复后，开始了第一个五年计划建设时期，全市生产蒸蒸日上，广大群众生活提高，心情舒畅，干劲倍增，社会秩序井然，至今仍是广大群众十分怀念的时期。在这10年期间，在市委和杨远同志的领导和具体帮助下，我的思想政治水平有所提高，工作能力有所增强，依靠党的领导和全体职工的努力，唐钢的生产建设也有了较快的发展。

1959年庐山会议后，全党开展了“反右倾”运动。唐山市委的一把手是那个在“大跃进”年月高喊“人有多大胆，地有多大产”“一年三百六十天要有三百天反‘右’”的“左”派人物，他确实充分发挥了反“右”的积极性，把这场运动搞得杀气腾腾，草木皆兵。先是把原地委书记、后任地质部副部长的刘汉生从北京要回来连续批斗，穷追不舍，只因为刘汉生对“大跃进”说了几句实话，就批他犯了“右倾”机会主义错误，上报省委、中央将其下放邯钢劳动。同时对市委书记杨远则进行了严厉批判，批他与刘汉生界限不清，犯了严重“右倾”错误，将其调离唐山。党内一批比较实事求是的同志受到残酷斗争，无情打击。我仅仅因为对大搞钢铁说了几句实话：“计划不要订得太高，要留有余地”“产品要注意质量”，就批我反对总路线、反对“大跃进”，犯了“右倾”机会主义错误，将我撤职降级，下放水库劳动。1962年中央七千人大会后，党对1959年“反右倾”运动中受到错误批判处理的干部进行甄别平反，杨远同志重新回到唐山任市委书记，我也回到唐钢原来的工作岗位。在此期间，全国上下认真贯彻了调整国民经济的“调整、巩固、充实、提高”八字方针，不久在“大跃进”中遭到破坏的国民经济逐步得到恢复，工农业生产欣欣向荣，国内形势越来越好。可惜，好景不长，在当时以阶级斗争为纲的错误指导思想下，先是全国城乡开展了“五反”“四清”运动，到了1966年又开始了十年“文革”。在标志着“文化大革命”全面展开的八届十一中全会不久，华北局前门会议便将杨远定为“反革命黑帮”，把杨远于1962年平反后回唐山工作说成是资产阶级反革命复辟。从此开始了对他无休无尽的批斗，杨远在精神上、肉体上受到残酷的折磨。最后以“三反分子”“反党集团头子”的罪名下放农场劳动。我也被打成“杨白反党集团的黑干将”“三反分子”，经受了造反派长期残酷的迫害。

党的十一届三中全会以来，杨远同志的冤案得到平反，先后任邯邢冶金矿山局副局长、河北工学院党委书记、河北省副省长。后因工作需要调任唐山市委书记，他一如既往，辛勤工作，任劳任怨，为平反冤假错案、落实政策、震后恢复建设、发展工农业生产，做了大量的卓有成效的工作，受到唐山广大干部和群众的爱戴。

回顾和杨远同志相识以来47年的交往，从我的亲身体会中，可以毫不夸大地说，杨远同志是一个真正的共产党员，对党无限忠诚，对人民极端热情，为了党和人民的利益，他敢于坚持真理，修正错误。在工作中，不唯上，不唯书，只唯实，一切从实际出发，敢于和善于实事求是，将党的路线、方针、政策落到实处；在作风上，他刚正不阿，为人正派，坚持原则，明辨是非，不看风使舵，不逢迎领导，敢于和党内外歪风邪气进行斗争；在和党内外同志关系上，他善于从原则上团结干部，爱护和教育干部，帮助和提高干部，鄙视对干部施小恩小惠，尤其鄙视那种打击别人、抬高自己、踩着别人肩膀往上爬的人。

杨远同志是我党的好党员、人民的好儿子，是我们学习的榜样。杨远同志的思想和业绩永远活在唐山和河北人民的心中。

（原载 1994 年第 2 期《秦皇岛党史通讯》和 1994 年 6 月 10 日《秦皇岛日报》）

沉痛悼念李越之同志

为全市广大群众和干部熟悉和尊重的德高望重的老领导李越之同志于今年6月9日凌晨因病去世。噩耗传来，令人难以置信。就在7日上午，我们还在老干部活动中心见面谈话，两天之后竟然离开了我们。越之同志，你走得太突然了。

越之同志出生在滦县一个农民家庭。1935年在滦县师范学习期间，就参加了党的外围组织。七七事变后，积极投身抗日救亡运动，1938年2月参加了中国共产党，而后参加了著名的冀东抗日大暴动，从此走上了革命的征途，长期坚持冀东的抗日斗争。在全国胜利前夕，随军南下湖南零陵地区，参加和领导了新区土地改革和剿匪反霸斗争。后又在湖南人事厅、民政厅和上海电业局担任领导工作。1957年因病调回河北，历任北戴河区委、秦皇岛市委书记。1975年调石油部管道局担任领导工作。越之同志在长期的革命斗争和社会主义建设事业中作出了卓越的贡献。

因为我长期在冀东和唐山市工作，和越之同志早就相识。但只是在1983年6月我被调至秦皇岛市委工作后，特别是在1985年年初我退至二线后，彼此的接触才多了起来。当时市委让我协助党史办公室做一些工作。越之同志曾任唐山地委党史研究室主任，对秦皇岛市党史工作经常进行指导和具体帮助，我们经常见面商量解决我市党史工作中的一些具体问题，如撰写《秦皇岛革命史》，我因为情况不熟悉，只草草看了一遍原稿就送交越之同志审查修改以至最后定稿出版。十多年来，《秦皇岛党史通讯》（每年四期）的稿件审查修改，越之同志坚持亲自动手，一丝不苟，负责到底。市委每年召开的党史工作会议，越之同志年年坚持参加，并给以具体指导。多年来为我市党史工作辛勤耕耘，无私奉献。可以毫不夸张地说，越之是我市党史工作当之无愧的领导者。十多年来在日常工作和生活的接触中，越之同志的思想、工作、作风给我的教育很深，感受很多。

首先，是他忠于党、忠于革命、忠于人民的坚强信念和严肃负责、踏踏实实的工作精神。他崇尚革命理想，同时又执着于日常平平凡凡、一点一滴的工作。善于把眼前的实际工作和远大理想结合起来。他对所编审的书稿的极端负责、任劳任怨的精神，值得我们好好学习。

其次，是他顾全大局、坚持原则的精神。有两件事给我的印象很深。一是在我退到二线后写了一篇关于1959年“反右倾”的回忆文章，其中对“反右倾”运动中唐山地区领导人搞“残酷斗争，无情打击”的错误做法多有批评，这样做是否恰当，自己拿不准，请他过目审阅，他看后明确表态，对运动中的错误应该批评，吸取教训。并且确定在党刊上发表。另一件事是后来我写了一篇回忆十年“文革”的文章请他审定，他看后对我说，对“文革”的错误应该批评，但“文革”已过去了多年，现在再发表这样的文章不大合时宜。在当前全党全民集中力量进行四化建设的时候，还是多写鼓干劲的东西，效果要好些，从以上两件小事中，越之同志从革命大局出发，坚持原则的精神使我深受教育。

最后，越之同志艰苦朴素、廉洁自律，平易近人、密切联系群众、关心群众疾苦，待人热情诚恳、广泛团结同志的优良作风，充分体现了我党的光荣传统和一个老共产党员的可贵品质。这种老共产党员的优良作风和品德是一种无声的号召和巨大的精神力量，将深刻教育广大群众和干部，推动社会风气和党风的好转。

越之同志虽说离开了我们，但他的革命思想、优良作风将永远为广大群众和干部铭记在心，成为我们学习的榜样，鼓舞我们提高思想，改进作风，为四化大业努力奋斗。

（原载1997年6月18日《秦皇岛日报》）

后　　记

戴明予同志于抗日战争时期参加革命工作，不仅经受了战争年代的严峻考验，而且亲身经历了社会主义革命、建设和现代化建设的多个重要时期。特别是在1983年5月至1985年1月任秦皇岛市委书记期间，团结带领四大班子扎实推进秦皇岛市现代化建设，为秦皇岛改革开放奠定了良好基础。

《探索与发展》包括回忆录，评论，工作研究、调查报告及人物篇四部分，全书约20万字。作者以赤子之心，回顾了参加革命工作的重要经历；阐述了作者坚持四项基本原则、反对资产阶级自由化的坚定立场；体现了在不同时期对社会主义革命和建设的研究和思考，总结了沿海开放城市经济建设和思想政治工作的经验和做法；收录了在不同时期撰写的工作研究和思考。具有镜鉴价值和史料价值。

本书在前期准备工作和编印过程中，得到了有关领导和部门的大力支持，特别是得到了戴明予同志家人的大力支持和积极帮助，在此，一并表示感谢！

本书在编辑过程中重点参考了《回忆与探索》《回顾与展望》《夕阳寄语》等书籍和相关资料，我们力求做到事实准确、文字精练。虽已付出努力，但书中不当、不周之处难以避免，恳请广大读者予以批评指正。

中共秦皇岛市委党史研究室

2020年6月